农户贷款
直通车

张国霞　谢沛善　编著

东北财经大学出版社
Dongbei University of Finance & Economics Press

大连

ⓒ 张国霞 谢沛善 2012

图书在版编目（CIP）数据

农户贷款直通车／张国霞，谢沛善编著.—大连：东北财经大学出版社，2012.9（2015.1 重印）

（金色乡村）

ISBN 978-7-5654-1008-6

Ⅰ. 农… Ⅱ. ①张… ②谢… Ⅲ. 农业贷款-基本知识-中国 Ⅳ. F832.43

中国版本图书馆 CIP 数据核字（2012）第 241335 号

东北财经大学出版社出版

（大连市黑石礁尖山街217号 邮政编码 116025）

教学支持：（0411）84710309

营 销 部：（0411）84710711

总 编 室：（0411）84710523

网 址：http://www.dufep.cn

读者信箱：dufep@dufe.edu.cn

大连美跃彩色印刷有限公司印刷　　　东北财经大学出版社发行

| 幅面尺寸：145mm×210mm | 字数：224 千字 | 印张：8 1/2 |
| 2012 年 9 月第 1 版 | | 2015 年 1 月第 6 次印刷 |

| 责任编辑：田玉海 | 责任校对：陆诗青 |
| 封面设计：冀贵收 | 版式设计：钟福建 |

ISBN 978-7-5654-1008-6

定价：17.00 元

农家书屋建设图书出版编委会

主　任　滕卫平

副主任　马述君　孙成杰　刘长江　张玉龙

编　委　（以姓氏笔画为序）

王　伟　　王　星　　方红星　　田雪峰　　刘国玉

刘明辉　　许科甲　　杜　斌　　宋纯智　　李凤山

李兴威　　李英健　　邵玉英　　杨永富　　张东平

张家道　　范文南　　周北鹤　　金英伟　　徐华东

郭爱民　　韩忠良　　赛树奇

编　务　李丹歌　　杨玉君

前 言

农业稳则天下安!

2012年2月1日,《中共中央国务院关于加快推进农业科技创新、持续增强农产品供给保障能力的若干意见》正式发布,这是继2004年以来连续第9个以"三农"为主题的中央一号文件。此次中央一号文件的新意在于,在政策设计上明确"三大指向"——强农、惠农、富农。

金融是经济的血液,金融对经济发展的基础性作用不言而喻。

发达国家建立大银行、建立股票市场的金融模式并没有改善发展中国家的金融支持,甚至没有建立起金融支持。因为,发展中国家大量的生产活动是农户或者是小农经济,但却只有大企业才能取得金融支持,在总体上,金融支持经济的效率没有得到充分发挥。孟加拉国银行家穆罕默德·尤努斯及其创办的孟加拉乡村银行,通过小额贷款的方式引导大量农户脱贫,使孟加拉国近6成的借款人和他们的家庭脱离了贫穷线。穆罕默德·尤努斯也凭借该项制度获得了诺贝尔和平奖这一殊荣。

我国在涉农金融支持尤其是涉农贷款方面,已经开始了大量的尝试,并有了具体的制度化措施,通过对实践进行总结,无疑对改善农村经济与社会的发展具有非常现实的意义。

本书秉承中央一号文件中农村金融的有关精神,积极为"三农"服务,解读了农户获得贷款的各种条件和申请办法,辅以农户成功申请到贷款的真实案例,详尽阐释了农村中从事种植业、养殖业、林业以及农村经营、创业、助学等各种生产生活贷款办理的具体办法。需要指出的是,本书阐述的是各金融机构涉农贷款的共有规定,而各地不同金融机构的具体贷款办法等会有所不同，农户办理时需详细咨询，不能生搬硬套。

这是一本实操性很强的图书，力避繁文，力求提供手册式的指导作用，以便为农户提供实实在在的帮助。本书内容分为三篇：第一篇为贷款基础知识介绍，即第一章和第二章；第二篇为按担保情况分类的贷款种类介绍，即第三、四、五章，具体为农户小额信用贷款、农户联保贷款和农户保证贷款；第三篇为按贷款用途分类的具体贷款品种介绍，即第六、七、八、九、十、十一、十二章，分别为种植贷款、养殖贷款、林权抵押贷款、农村个人经营贷款、农村青年创业小额贷款、助学贷款、农民专业合作社贷款和农业专项贷款。最后，本书还附录了部分国家有关法规文件，以使农户在办理贷款时能够更加准确地把握政策，并依据法律维护自身权益。

本书得以面世，首先要感谢编委会的信任与欣赏。作者在写作过程中，还得到了大学院校、金融机构以及管理当局的指导与帮助，感谢马亚博士、曲春青博士的建议；感谢刘晓华先生、张璐先生为本书提供的资料。此外，张庆君教授、代桂霞教授、朱明儒副教授和赵炳盛、李晓东、孙野、高晓光、付琼、杨钧凯、李佳老师为本书提供了大量意见，在此表示感谢。当然，书中观点只代表本人意见，作者个人对此负责。我们还参阅了大量文献资料，在此表示感谢。囿于学识水平，错漏之处在所难免，敬请指正。

作者
2012 年 8 月

目　录

第一篇

贷款基础知识

第一篇

第一章　贷款机构

农家金融

出资8 000万元组建，辽宁出现首家村镇银行

1. 7个法人办村镇银行

这家名为辽宁大石桥隆丰村镇银行股份有限公司的村镇银行正式登记注册是在2008年8月11日，在登记注册环节享受了"绿色通道"，营口市工商局在受理、审查、核准各个环节都为企业提供了便利。正常登记期限规定为5天，而工商局只用了2天就为企业完成了登记注册。

据了解，辽宁大石桥隆丰村镇银行股份有限公司是由营口银行股份有限公司为主发起人，其他7个法人、12个自然人共同出资8 000万元人民币组建的，是辽宁省第一家村镇银行。

辽宁省工商局相关人士告诉记者，所谓村镇银行，是指经批准，由境内外金融机构、境内非金融机构企业法人、境内自然人出资，在农村地区设立的主要为当地农民、农业和农村经济发展提供金融服务的金融机构。

村镇银行最早由中国银监会于2006年12月在国内6个省市开始试点设立的，主要是为了解决农村金融机构网点覆盖率低、金融供给不足、竞争不充分的问题。

2. 存、贷、汇各项业务都有

记者从营口银监部门了解到，村镇银行是独立的企业法人，享有由股东投资形成的全部法人财产权，股东依法享有资产收益、参与重

大决策和选择管理者等权利，并以其出资额或认购股份为限对村镇银行的债务承担责任。

在成本可算、风险可控的前提下，隆丰村镇银行经行政许可可以开办各类银行业务。按照中国银监会《村镇银行管理暂行规定》，村镇银行可以经营吸收公众存款、发放短期、中期和长期贷款、办理国内结算、办理票据承兑与贴现等业务。

村镇银行由银监部门按照"低门槛，严监管"的政策来实施谨慎监管，监管指标与商业银行的标准一致，例如，村镇银行的资本充足率在任何时点上都不能低于8%等。

"相信村镇银行的成立一定会为大石桥地区农业经济的发展起到积极作用。"营口市工商局相关人士称。

资料来源　http://www.xinhuanet.com，有删减。

日常生活中，无论城市还是乡村，人们有了闲钱，一般都会存入银行，而如果做买卖、开工厂，资金不足时就会向银行申请贷款。这些进行存款和贷款等资金融通业务的机构称为金融机构，金融机构分为银行类金融机构和非银行金融机构。在我国，银行类金融机构主要包括国有控股银行、股份制商业银行、城市商业银行、邮政储蓄银行、村镇银行、政策性银行，以及信用合作社、小额信贷公司等；非银行金融机构主要包括证券公司、保险公司、财务公司、投资基金、信托投资公司等。农户生产生活中，进行贷款的主要是银行类金融机构。

一、银行类金融机构

银行类金融机构在农户生产生活中最为常见，这里首先介绍我国有哪些银行类金融机构。

1. 国有控股银行

在银行类金融机构中，居于主导地位的是五大国有控股银行：中国工商银行、中国农业银行、中国银行、中国建设银行、中国交通银行，即通常所说的"工农中建交"五大行。

称这五家银行为五大行，一是因为它们规模大，各家银行资产少则一万亿元，多则三万亿元；二是它们可以全国性经营，全国各地无论大城市还是中小城市，甚至乡镇农村，都能见到它们的营业网点。

2. 股份制商业银行

五大行之外，较大型的银行是股份制商业银行，有12家：招商银行、中信银行、民生银行、华夏银行、深圳发展银行、广东发展银行、浦东发展银行、兴业银行、光大银行、恒丰银行、浙商银行、渤海银行。这12家银行成立之初就是股份制的，主要在全国发达城市开设经营网点，其他地区几乎见不到。

3. 城市商业银行

在我国各地城市，无论是北京、上海这样的大城市，还是沈阳这样的省会城市，以及大连、鞍山、锦州这样的地级城市，都能看到以城市名字命名的银行，如北京银行、锦州银行以及沈阳的盛京银行。这些银行就是城市商业银行。城市商业银行，最开始只准在本地级市范围内开展业务，不准跨地经营，后来有所放开，经过申请可以到其他城市开设分行。

4. 邮政储蓄银行

邮政储蓄银行在我国较为常见，遍布城市和乡村，农民工常常通过它来向家里汇款。邮政储蓄银行是在原来的邮局汇款基础上发展起来的，与其他银行不同，它最开始只能接受存款，不能经营商业性贷款，为支持三农，可以办理农业方面的小额贷款。邮政储蓄银行目前是国有独资的。

我国邮政储蓄银行目前已发展成为农村金融服务体系的重要组成部分，拥有营业网点超过37 000个，其中2/3以上的网点分布在县及县以下农村地区，主要办理居民个人储蓄存款、国内外汇款、代收代付等业务，经银行业监管部门批准的机构网点还可以办理小额质押贷款业务。

邮政储蓄利用"点多面广"的优势，为广大外出务工、经商和求学人员的小额汇款和结算提供了便捷的金融服务。邮政储蓄银行正积极推出包括小额贷款、消费贷款等一系列面向农村的信贷服务，开发适合农村特点的银行理财产品。

5. 村镇银行

村镇银行是指经中国银行业监督管理委员会依据有关法律、法规批准，由境内外金融机构、境内非金融机构企业法人、境内自然人出资，在农村地区设立的主要为当地农民、农业和农村经济发展提供金融服务的金融机构。本章开篇所说的隆丰村镇银行股份有限公司即是这种村镇银行。

6. 农村信用社

农村信用社是经银行业监督管理部门批准设立、由社员入股组成、实行民主管理、主要为社员提供金融服务的农村社区性金融机构，是具有独立法人地位的企业法人，其机构网点遍布农村。

7. 政策性银行

前述的几种银行都属于商业银行，政策性银行与商业银行比较，最大的不同在于，商业银行都是为了赚取利润的，即学术界所说的以营利为目的。政策性银行不以营利为目的，以贯彻国家政策、扶持弱势产业为目的。具体来说：第一，政策性银行的钱大多由政府财政拨付；第二，政策性银行不以赚钱为目的，而是以国家利益、社会效益为重，保本微利即可；第三，政策性银行通常不面向公众吸收存款，主要依靠发行金融债券或向中央银行举债；第四，政策性银行有自己特定的业务领域，不与商业银行竞争。但有一点与商业银行相同，就是发放贷款也要进行严格的审查，贷款也要还本付息等。另外，政策性银行不向个人发放贷款，只向企业等单位发放。

我国的政策性银行有三家：中国国家开发银行[①]、中国进出口银

---

① 中国国家开发银行已经提出转为商业银行，但多年以来一直没有进展，在转变之前，国家把中国进出口银行、中国农业发展银行作为政策性银行统计，把中国国家开发银行与政策性银行并列统计。在此，我们仍把它称为政策性银行。

行、中国农业发展银行。

8. 监管银行的单位

日常生活中，遇到坏人找警察、找公安局，买东西遇到假冒伪劣商品等可以找工商局。同样，如果在与银行等打交道的过程中，如果觉得受到欺骗，也可以找有关机构申请评判处理，这个能够管理银行的机构就叫做"中国银行业监督管理会"，简称为"银监会"，其在中央称为"银监会"，在各省，则称为"中国银行业监督管理局"，简称为"银监局"，在各市，则称为分局，如银监局沈阳分局、银监局大连分局、银监局辽阳分局等。

小资料

银监会就《农户贷款管理办法》公开征求意见

近年来，为加大对"三农"支持力度，指导规范银行业金融机构农户贷款业务，监管部门相继出台了一系列规范性文件，对促进农户贷款业务规范发展、提高农户贷款可获得性起到了积极作用。截至2012年3月末，金融机构农户贷款余额33 062亿元，比2007年末增长146.7%，占各项贷款的5.4%，占涉农贷款的比例达21.3%。

随着我国农村经济的发展，城乡一体化进程不断加快，当前农户贷款呈现出业务多元化、用途多样化和风险复杂化等新特点和新趋势。为适应农村经济发展新特点，进一步指导金融机构规范发展农户贷款业务，强化风险管控，提高农户贷款资产质量和效益，银监会在总结全国先进支农经验的基础上，组织起草了《农户贷款管理办法》（以下简称《管理办法》）。

《管理办法》结合农户贷款业务特点，按照手续便利性与业务规范性相结合、贷款可获得性与风控严密性相结合的原则，充分考虑农户所在地域、农林牧渔生产、农户消费等不同贷款需求特点，对业务发展与风险管理提出了具体要求。《管理办法》主要具有以下特点：一是拓宽了法规覆盖的业务范围。之前出台的相关规范性文件只是针对农户小额信用贷款和联保贷款等小额业务,《管理办法》在充分考虑农户生产、生活消费等各类贷款需求基础上,对贷款进一步具体化,包括农户大额、小额贷款,生产、生活贷款。同时,对抵押、担保、信用等多种贷款方式一并进行了规范。

二是强调保护农户消费者权益。《管理办法》中阳光信贷、限时办结、贷款到期前预先提示借款人安排还款、严禁乱收费等不规范经营行为、严防假冒名贷款等规定,都充分体现了对农户权益的保护。

三是注重提高农户贷款可获得性和便利性。《管理办法》总结承继了农村中小金融机构多年来在农户贷款业务开展过程中的经验做法,丰富了农户信贷产品,合理简化了贷款审批程序。如规定小额信用贷款采用"一次核定、随用随贷、余额控制、周转使用、动态调整"的模式,可实施批量审批、在线审批方式。

四是业务发展和内部管理上向农户贷款倾斜,包括激励约束机制、责任制与容忍度等,以鼓励农户贷款发展。如规定对优质诚信农户,可给予利息返还或信用累计奖励等鼓励措施。

五是重点强化风险控制要求。明确审贷与放贷相分离,强化贷后对账检查,要求建立贷款本息独立对账制度、不定期重点检(抽)查制度以及至少两年一次全面交叉核查制度等,有效防范假冒名贷款。

《管理办法》适用于以支农业务为主要定位的农村中小金融机构,其他银行业金融机构参照执行。

目前,《管理办法》已正式向社会公开征求意见。根据各界反馈意见,银监会将对《管理办法》进一步修改完善,并适时发布。

资料来源 中国银监会网站,2012-07-10。

二、办理农户贷款的金融机构

1. 中国农业银行

中国农业银行是最为人所熟知的涉农银行,网点遍布中国城乡,是中国网点最多、业务辐射范围最广的大型现代化商业银行。中国农业银行业务领域与其他银行相比，最突出的特点就是农业信贷业务，农业、农村、农民的信贷业务一直是农业银行的业务重点。中国农业银行的涉农贷款包括专项农业（扶贫、农业综合开发及粮棉油附营）贷款、常规农业（农林牧渔及农产品加工）贷款、乡镇企业贷款、农村供销社贷款、农副产品收购贷款和农业、农村基础设施贷款等。

农行的前身最早可追溯至 1951 年成立的农业合作银行。20 世纪 70 年代末以来，农行相继经历了国家专业银行、国有独资商业银行和国有控股商业银行等不同发展阶段。2009 年 1 月，农行整体改制为股份有限公司。2010 年 7 月，农行分别在上海证券交易所和香港联合交易所挂牌上市。

相对于中国工商银行、中国建设银行、中国银行这几家大银行，农行最大特色是面向"三农"。当然，其业务范围也涵盖投资银行、基金管理、金融租赁等领域，提供各种公司银行和零售银行产品与服务，同时开展自营及代客资金业务。截至 2011 年末，农行总资产 11.68 万亿元。

农行境内分支机构共计 23 461 个，包括总行本部、32 个一级分行、5 个直属分行、316 个二级分行、3 479 个一级支行、19 573 个基层营业机构以及 55 家其他机构。境外分支机构包括 3 家境外分行和 4 家境外代表处。主要控股子公司包括 6 家境内控股子公司和 3 家境外控股子公司。

中国农业银行的标识如图 1—1 所示。

图1—1　中国农业银行标识

2. 农村信用合作社

农村信用合作社是与农民兄弟关系最紧密的金融机构，它的服务对象主要是农民。农村信用合作社的主要业务有传统的存款、放款、汇兑等。近年来，随着我国农村经济的不断迅速发展，农村信用合作社在立足、服务"三农"的基础上，积极拓展服务领域，创新服务品种，增加服务手段，服务功能进一步增强。部分地区的农村信用合作社先后开办了代理、担保、信用卡等中间业务，尝试开办了票据贴现、外汇交易、电话银行、网上银行等新业务。

为解决农民贷款难问题，促进农村经济发展，中国人民银行于1999年制定了《农村信用社农户小额信用贷款管理暂行办法》，推出了一系列方便农民贷款的政策措施。

辽宁省农村信用社联合社于2005年7月20日成立，是由沈阳、大连市农村信用社联合社和77家县（市、区）农村信用社联合社共同自愿入股组建，具有独立法人资格的地方性金融机构。辽宁省农村信用社机构网点遍布城乡，现在全省范围内农村信用社机构已拥有县（区）联社77个，独立核算的信用社1 156个，信用分社527个，储蓄所1 342个，总数达到3 000多个，平均每个乡镇达3个，初步形成了比较完整的为农村、为农业、为农民服务的全方位、多层次的农村金融服务网络。辽宁省农村信用社联合社的标识如图1—2所示。

图1—2　辽宁省农村信用社联合社标识

辽宁省各市的农村信用社名录请见表1—1。

表1—1　　　　　　辽宁省各市的农村信用社名录表

地级市	信用社	地级市	信用社
沈阳	辽中县联社、法库县联社、康平县联社、新民市联社、苏家屯区联社、新城子区联社、于洪区联社、东陵区农业合作银行、市联社营业部	营口	大石桥市联社、盖州市联社、老边区联社、开发区联社
大连	长海县联社、庄河市联社、瓦房店市联社、普兰店市联社、旅顺口区联社、开发区联社、金州区联社、甘井子区联社	阜新	阜蒙县联社、彰武县联社、清河门区联社、城郊联社
鞍山	海城市联社、千山区联社、岫岩县联社、台安县联社	辽阳	辽阳县联社、太子河区联社、弓长岭区联社、宏伟区联社、灯塔市联社、木鱼石营业部
抚顺	抚顺县联社、清原县联社、新宾县联社、顺城区联社、望花区联社、市信和营业部、兴华信用社	铁岭	铁岭县联社、开原市联社、昌图县联社、西丰县联社、银州区联社、调兵山市联社、清河区联社
本溪	市区联社、南芬区联社、本溪县联社、桓仁县联社	朝阳	朝阳县联社、北票市联社、凌源市联社、建平县联社、喀左区联社、龙城区联社、双塔区联社
丹东	东港市联社、凤城市联社、宽甸县联社、城区联社	盘锦	盘山县联社、大洼县联社、双台子区联社、兴隆台区联社
锦州	太和区联社、经济开发区联社、凌海市联社、北宁市联社、义县联社、黑山县联社	葫芦岛	绥中县联社、兴城市联社、建昌县联社、连山区联社、南票区联社、龙港区联社

36亿元贷款给力惠民工程

——朝阳农信社支持"百万亩设施农业建设"纪实

一排排整齐的设施农业大棚,如碧波荡漾的银海。"百万亩设施农业建设"的惠民工程,给辽西农民带来无限生机和幸福的春天。

辽宁省朝阳市"十年九旱",为了进一步加快朝阳农业结构战略性调整,推动农村经济健康稳步发展,实现广大农民稳定增收,2010年上半年,辽宁省委、省政府明确提出:力争用一年的时间,支持朝阳市新增100万亩设施农业建设。

一年来,朝阳市农信社充分发挥主力军作用,累计投放"百万亩设施农业建设"贷款36.1亿元,支持设施农业建设面积106.77万亩,帮助朝阳市圆满完成了"百万亩设施农业建设"的惠民工程,改变了辽西农民靠天吃饭、雨养农业的现状。

1. 明确职责层层分工,实施优惠贷款利率

在辽宁省联社有关领导直接指导下,朝阳办事处多次召开会议,专题研究和部署"百万亩设施农业建设"信贷服务有关工作,并明确要求全市农信社广大干部员工要从政治的高度、全局的角度和自身长远发展的深度,不断提高对"百万亩设施农业建设"重要性的认识,增强责任感和使命感。

为使信贷支持朝阳市"百万亩设施农业建设"工作迅速落实,朝阳市、县、乡三级农信社分别成立了由"一把手"任组长的工作领导小组。各级领导小组将此项工作当作一项政治任务来抓,纳入了重要工作日程,实行"一把手"负责制,明确了各自的工作职责。县级联社负责具体落实"百万亩设施农业建设"信贷资金组织,指导辖内基层信用社做好设施农业建设信贷投放和服务管理工作;基层信用社负责"百万亩设施农业建设"贷款的立项、考察和发放工作,为广大农户提供优质的金融服务。同时,出台了《朝阳市农业设施贷款管理的暂行办法》,明确了贷款的原则、政策和条件,简化了信

贷发放程序，实施了优惠贷款利率，为"百万亩设施农业建设"贷款的投放提供了有力的政策保障。

2. 多措并举筹措资金，强化考核锐意创新

朝阳市农信社采取有效措施，积极组织各项存款，不断壮大资金实力，为支持朝阳市"百万亩设施农业建设"提供了强有力的资金保障。一年来，全市农信社共组织资金40亿元，用于支持"百万亩设施农业建设"。到2011年6月末，各项存款余额达161.2亿元，首次居朝阳市金融系统第一位，实现了历史性的突破。

一是强化存款考核。通过不断完善组织资金考核机制，细化考核办法，适时开展存款竞赛活动。二是积极营销"金信卡"。借助省联社开展"'金信卡'刷卡消费中奖活动"的有利时机，认真做好宣传工作，促进了"金信卡"发卡质量和数量的提高，带动了存款稳定增长。三是全力争取政府财政资金。省联社有关领导多次与朝阳市、县两级政府及相关部门进行协调、沟通，寻求地方政府对农信社工作的理解、支持和帮助。同时，朝阳办事处和县级联社主要领导也主动开展对接活动，请求政府及相关部门最大限度地将涉农资金和地方财政性存款存入农信社。一年来，市、县两级政府财政涉农资金存入农信社3.78亿元，有效地壮大了农信社的支农资金实力。

根据"百万亩设施农业建设"的实际需要，全市农信社不断拓宽工作思路，勇于打破常规，实现"五个突破"。一是贷款程序突破以前大棚建成后再贷款，为边建棚边贷款同步进行。根据设施农业建设进度随时投放贷款，满足贷户各阶段的建棚资金需求。二是抵押方式突破以前单一的固定资产抵押，创新开办了农业设施物权抵押贷款，在一定程度上解决了农户"担保难"的问题。三是抵押物评估突破了专业机构评估，对农户10万元以下的农业设施抵押贷款，实行基层信用社两名以上信贷人员现场评估即可，从而使农户减少了费用支出，降低了负担。四是服务效率和水平突破原有模式，实行现场办公和上门服务，采取集中调查，即报即审即批的方式，提高工作效率和服务水平，为设施农业贷款发放开辟了"绿色通道"。五是贷款

投放突破了原有信贷计划。2011 年，国家实行紧缩的货币政策，原有信贷计划已经不能满足设施农业建设的贷款需求。对此，朝阳办事处积极向省联社争取增加了 10 亿元的贷款投放计划，从而保障了"百万亩设施农业建设"贷款的及时投放。

3. 转变作风全力为民，严明纪律树立形象

"百万亩设施农业建设"把百姓的心和农信人的心紧紧连在一起。全市农信社广大干部员工，特别是基层信贷人员不断转变工作作风，充分发扬"背包银行"精神，走村串户，深入田间地头，哪里有百姓的资金需求，信贷员就跑到哪里，掌握贷户的生产品种和经营项目，了解资金需求，做到了服务围着农民转、资金围着设施农业建设转，全心全意为人民服务，使联系农民最好的金融纽带作用和农村金融主力军的作用得到了充分发挥。

同时，全市农信社还进一步严肃信贷工作纪律，不断加强信贷人员的职业道德修养，坚决杜绝"吃拿卡要"等丑恶现象，对违反信贷纪律的人员，依法依纪进行严肃从重处理，绝不姑息迁就，从而进一步树立起了农信社良好的社会形象。

资料来源 于海青：《36 亿元贷款给力惠民工程》，载《中国县域经济报》，2011-08-04。

🌾 贷款实例

大连市联社借全市春耕生产服务大集现场放贷 1.9 亿元

来自十多个乡镇的近万名农民如潮水般地涌向辽宁省普兰店市莲山镇，大街上车水马龙，天空彩球争艳，农资配送中心大院内人头攒动，2011 年大连市春耕生产服务大集的启动仪式正在举行。大连市农村信用联社在启动仪式上开展了信贷支农服务活动，现场发放贷款 1.9 亿元，受到当地农民和农村经济组织的欢迎和称赞。

农信社根据自身特点设立了咨询服务区，在 80 平方米展区的背景墙上，"和谐同生，诚信共赢"八个大字和"建设现代化农村金融

企业"、"提升服务三农能力和水平"的竖联，赫然醒目。悬挂在背景墙中央的大型高清 LED 彩屏，交替播放着大连市农信社近年来信贷支农的典型成果和各种信贷支农产品。农信社服务咨询区两侧摆放着农信社业务介绍、贷款知识问答等内容的展板。农信社服务咨询区前 20 米长的咨询台上摆满了宣传资料，披着"农信社春耕生产服务"绶带的员工边发放宣传资料，边耐心地解答农民朋友们的咨询。

在启动仪式现场，大连市农信社向已签订贷款合同的设施农业小区、农民专业合作社、农业产业化龙头企业等 11 家单位和农户放贷 1.9 亿元，发放贷款业务知识宣传折页 8 600 份，有关业务和支农情况简介 11 000 份，金信卡业务宣传折页 7 500 份，银行卡手册 5 000 本。

3. 村镇银行

以往，在中国农村只有农村信用社和只存不贷的邮政储蓄两种金融主体，金融服务的水平越来越无法满足农民的需求，因此建设村镇银行成为政府大力推动的目标。

在规模方面，村镇银行是真正意义上的"小银行"。但在经营范围方面，村镇银行的功能相当齐全。根据规定，村镇银行可经营吸收公众存款，发放短期、中期和长期贷款，办理国内结算，办理票据承兑与贴现，从事同业拆借，从事银行卡业务，代理发行、代理兑付、承销政府债券、代理收付款项及代理保险业务以及经银行业监督管理机构批准的其他业务。

按照国家有关规定，村镇银行还可代理政策性银行、商业银行和保险公司、证券公司等金融机构的业务。

此外，村镇银行虽小，却是独立法人，区别于商业银行的分支机构，村镇银行信贷措施灵活、决策快。

在经济发达地区，有的个人想要入股村镇银行，这需要满足以下条件：

（1）有完全民事行为能力；

（2）有良好的社会声誉和诚信记录；

（3）入股资金来源合法，不得以借贷资金入股，不得以他人委托资金入股；

（4）中国银行业监督管理委员会规定的其他审慎性条件。

至于出资额，最高出资额要视村镇银行的股本总额而定，一般是出资不得高于股本总额的10%，而最低出资额并没有硬性规定，但也并不表示出多少都可以，要视设立村镇银行的具体情况而定。比如，辽宁丹东凤城丰益村镇银行股份有限公司自然人入股起点为200万元。

贷款实例

辽宁省47家村镇银行"抱团"支持"三农"

4月6日，辽宁银监局和辽宁省银行业协会联合主办"辽宁省银行业村镇银行联席会议暨首届村镇银行论坛"，辽宁省47家村镇银行代表出席活动。

联席会首先审议通过了《辽宁省银行业村镇银行联席会议制度》，在随后举行的论坛上，上海松江民生村镇银行董事长介绍发展经验，客观分析了村镇银行的特点和所面临的形势。

辽宁银监局副局长齐士义则做了合规文化建设主题演讲，全面阐述了村镇银行所面临的发展机遇，对村镇银行如何在支持"三农"工作中谋求健康、快速发展，提出了精辟见解，表示从完善监管流程和方法等方面为村镇银行发展创造和谐的竞争环境，并要求村镇银行提高经营管理水平，更好地服务于"三农"经济发展。

辽宁省银行业人士表示，通过开展"辽宁省银行业村镇银行联席会议暨首届村镇银行论坛"，搭建我省村镇银行交流平台，进一步打造村镇银行互动、互帮、互助的良好氛围，形成我省银行业携手并肩，为实现我省"三农"经济发展的目标保驾护航。

此外，在"辽宁省银行业村镇银行联席会议暨首届村镇银行论坛"举办同时，还召开了辽宁省银行业协会农村金融合作委员会（以下简称"农金委"）成立大会。

据悉，此举是我省银行业支持"三农"经济发展的又一重要举措。农金委的成立旨在为我省涉农金融机构搭建信息沟通与交流的平台，为辽宁省银行业在服务农村经济、服务小微企业方面提供支持。

辽宁银监局张廷玉副局长在讲话中指出，农村金融是推动农村经济发展的重要力量，辽宁银行业要以支持我省"三农"经济发展为己任，着力解决农村金融服务薄弱环节，为辽宁农村经济的持续健康发展做出贡献。

资料来源　龚文武：《辽宁省47家村镇银行"抱团"支持"三农"》，载《华商晨报》，2012-04-09。

4. 中国农业发展银行

（1）概况

中国农业发展银行是国家为扶助农业、支持农村发展而特设的，主要承担办理国家规定的农业政策性金融业务，支持农业和农村经济发展，促进主要农产品收购资金的封闭运行。一般来说，农业的发展，尤其是落后地区农业的发展，粮、棉、油等主要农产品的生产、收购、储备和销售，离不开国家的支持。这是国家成立农业发展银行的根本原因。中国农业发展银行共有 30 个省级分行、330 个二级分行和 1 811 个县级支行，服务网络遍布除西藏自治区外的我国大陆地区。中国农业发展银行的标识如图 1—3 所示。

中国农业发展银行

图1—3　中国农业发展银行标识

（2）发展历程

成立于1994 年的中国农业发展银行是我国农村金融领域唯一的

一家政策性银行，组建以来在支持农副产品收购、农村经济发展、农民增收、确保国家粮食生产方面做出了巨大贡献。

长期以来，农业银行既要按商业化原则运作，又要执行国家的政策性业务，两种业务不分造成其资金运行机制混乱，不能适应农村不同经济层次发展需要。因此，为了完善农村金融服务体系，更好地贯彻落实国家产业政策和区域发展政策，促进农业和农村经济的健康发展，国务院于 1994 年 4 月 19 日发出《关于组建中国农业发展银行的通知》，批准了中国农业发展银行组建方案和章程，并对农业发展银行的性质、任务、资金来源、组织结构、业务范围等做了明确规定。

中国农业发展银行是直属国务院领导的政策性金融机构。其主要任务是：按照国家的法律、法规和方针、政策，以国家信用为基础，筹集农业政策性信贷资金，承担国家规定的农业政策性金融业务，代理财政性支农资金的拨付，为农业和农村经济发展服务。

中国农业发展银行在机构设置上实行总行、分行、支行制。总行设在北京，分支机构设置须经中国人民银行批准。中国农业发展银行实行行长负责制，对其分支机构实行垂直领导的管理体制。中国农业发展银行为独立法人，实行独立核算，自主、保本经营，企业化管理，在业务上接受中国人民银行的指导和监督。经营和办理下列业务：第一，办理由国务院确定、中国人民银行安排资金并由财政部予以贴息的粮食、棉花、油料、猪肉、食糖等主要农副产品的国家专项储备贷款；第二，办理粮、棉、油、肉等农副产品的收购贷款及粮油调销、批发贷款，办理承担国家粮、油等产品政策性加工任务企业的贷款和棉麻系统棉花初加工企业的贷款；第三，办理国务院确定的扶贫贴息贷款、老少边穷地区发展经济贷款、贫困县县办工业贷款、农业综合开发贷款以及其他财政贴息的农业方面的贷款；第四，办理国家确定的小型农、林、牧、水利基本建设和技术改造贷款；第五，办理中央和省级政府的财政支农资金的代理拨付，为各级政府设立的粮食风险基金开立专户并代理拨付；第六，发行金融债券；第七，办理业务范围内开户企事业单位的存款；第八，办理开户企事业单位的结算；第九，境外筹资；第十，办理经国务院和中国人民银行批准的其他业务。在信贷上，农业政策性的投入重点是：第一，继续确保粮油收购资金的供应仍然是中国农业发展银行政策性资金的投放重点。及时、足额提供粮油收购资金，保证收购不打"白条"。第二，突出开发性贷款的投放重点。大力支持国家级和省级粮食食品基地、农田水利、"菜篮子"工程等建设。第三，扶贫贷款在固定贫困县，坚持以解决种养业和以种养业为原料的加工业的发展。

中国农业发展银行作为国家的政策性银行之一，经营时要考虑国家的整体利益、社会利益，不以营利为目的，但政策性银行的资金并不是财政资金，政策性银行也必须考虑盈亏，坚持银行管理的基本原则，力争保本微利。这就要求中国农业发展银行要建立起一种有利于保持内在活力的经营机制，以确保保本微利，良性运转。中国农业发展银行的经营就是指其贷款的经营，作为政策性贷款首先要讲有偿性，使用贷款是以偿还为条件的，其次才是政策性，按政策使用贷款。政策性贷款失去了偿还性就失去了自身存在的价值，就等同于社会救济金，那么，政策性银行的功能和作用就完全丧失了。

🌾 **小资料**

中国农业发展银行农业小企业贷款管理办法

1. 贷款对象、种类和条件

（1）贷款对象

贷款对象为从事农、林、牧、渔业种植、养殖、加工、流通的各类所有制和组织形式的小企业。以下企业不得作为农业小企业贷款客户：

①纳入合并报表的集团成员企业。

②大中型企业因生产经营恶化或业务下滑导致规模缩小的企业。

③达不到农发行规定的相关行业信贷准入标准的企业。

（2）贷款种类

农业小企业贷款按照贷款用途分为流动资金贷款和固定资产贷款。

①流动资金贷款。主要用于解决借款人生产经营过程中的流动资金需要。

②固定资产贷款。主要用于解决借款人新建、扩建、改造、开发、购置等固定资产投资项目和生产基地建设项目的资金需要。

（3）贷款条件

借款人申请农业小企业贷款，除具备《中国农业发展银行信贷基本制度》规定的基本条件外，还应具备以下条件：

①对增加农民收入和就业，推进农业和农村经济社会发展具有示范效应，体现地方产业特色和行业优势；

②企业法定代表人及股东资信状况良好，无违法和违反社会公德的行为；

③借款人信用等级在 A⁻级（含）以上；

④申请固定资产贷款的，项目资本金不低于农发行规定标准；

⑤农发行要求的其他条件。

2. 贷款期限、展期、利率、方式

（1）贷款期限

流动资金贷款期限一般不超过 1 年；生产经营周期在 1 年以上的农业小企业流动资金贷款期限最长不超过 3 年；固定资产贷款期限一般为 1~3 年，最长不超过 5 年。

（2）贷款展期

农业小企业贷款到期后原则上不办理展期。因受季节性或不可抗拒的自然灾害等客观因素影响不能按期还款，在有效落实合法足额担保的前提下，可按照农发行有关规定办理贷款展期。

（3）贷款利率

贷款利率价格应综合考虑资金成本、贷款风险、预期收益、客户综合贡献度和当地市场利率水平等因素合理确定，原则上不得下浮。

（4）贷款方式

一般采用担保贷款方式。担保方式应以抵（质）押担保为主、保证担保为辅，同时可接受企业法定代表人及主要股东连带责任保证担保。对采用保证担保的，应以专业担保机构为主，优先选择政府主导的专业担保机构。

短期流动资金贷款客户，在有效资产应抵尽抵后不足部分，满足以下条件，可以采用信用贷款方式：

①借款人信用等级在 AA^+ 级（含）以上，取得农发行贷款后，企业资产负债率低于40%；

②与农发行建立信贷关系 2 年以上，且企业申请的贷款总额不超过之前 12 个月销售归行额的 50%；

③已提供的抵（质）押资产折算值达到其在农发行贷款额的 50%（含）以上。

5. 中国邮政储蓄银行

中国邮政储蓄银行于 2007 年 3 月 20 日正式挂牌成立，是在改革邮政储蓄管理体制的基础上组建的商业银行。中国邮政储蓄银行承继原国家邮政局、中国邮政集团公司经营的邮政金融业务及因此而形成的资产和负债，并将继续从事原经营范围和业务许可文件批准、核准的业务。2012 年 2 月 27 日，中国邮政储蓄银行发布公告称，经国务院同意，中国邮政储蓄银行有限责任公司于 2012 年 1 月 21 日依法整体变更为中国邮政储蓄银行股份有限公司。中国邮政储蓄银行的标识如图 1—4 所示。

图1—4 中国邮政储蓄银行标识

中国邮政储蓄银行依托邮政网络优势，在坚持服务"三农"方面发挥了突出作用。2007 年 6 月 22 日，中国邮政储蓄银行"好借好还"小额贷款业务在河南新乡长垣县启动试点,2007年末共有七省试点开办。2008年初开始全国推广。至2008年6月24日西藏分行开办业务,全国31个省(区、市)分行和5个计划单列市分行已全部开办小额贷款业务。

邮储银行实行的商业可持续发展小额贷款模式获得了成功,为中低收入人群、农村地区、个体商户、微型企业提供更好的持续的融资服务,尤其是进一步改善了农村金融服务环境。

中国邮政储蓄银行开办的特色小额贷款从对象上讲,就是农户和商户两种;从贷款形式上讲,就是联保贷款和保证贷款两种,具体分为以下四种:

①农户联保贷款:指3~5名农户组成一个联保小组,不再需要其他担保,就可以向邮政储蓄银行申请贷款。每个农户的最高贷款额暂为5万元。

②农户保证贷款:指农户只需有1位或2位(人数依据其贷款金额而定)有固定职业和稳定收入的人做其贷款担保人,就可以向邮政储蓄银行申请贷款,每个农户的最高贷款额暂为5万元。

③商户联保贷款:指3名持营业执照的个体工商户或个人独资企业主组成一个联保小组,不再需要其他担保,就可以向邮政储蓄银行申请贷款,每个商户的最高贷款额暂为10万元(部分地区为20万元)。

④商户保证贷款:指持有营业执照的个体工商户或个人独资企业主,只需有1位或2位(人数依据其贷款金额而定)有固定职业和稳定收入的人做其贷款担保人,就可以向邮政储蓄银行申请贷款,每个商户的最高贷款额暂为10万元(部分地区为20万元)。

邮政储蓄银行还款方式主要有:①等额本息,贷款期限内每月以相等的金额偿还贷款本息。②阶段性等额本息,贷款宽限期①内只偿

---

① 宽限期是指个人贷款发放后,在合同约定的一定时期内,借款人只需按月支付利息,暂不归还贷款本金。待这个约定的限期结束后,对贷款发放金额按合同约定的等额本息还款方式(或等额本金还款方式)还本付息。这个约定的时期就是宽限期。

还贷款利息，超过宽限期后按照等额本息还款法偿还贷款。③一次性还本付息，到期一次性偿还贷款本息。另外，邮政储蓄银行网站有贷款计算器工具供参考使用。

6. 其他金融机构

农村资金互助社，是指经银行业监督管理机构批准，由乡（镇）、行政村农民和农村小企业自愿入股组成，为社员提供存款、贷款、结算等业务的社区互助性银行业金融机构。

贷款子公司，是由境内商业银行或农村合作银行全额出资设立的有限责任公司。

小额贷款公司，是由自然人、企业法人与其他社会组织投资设立，不吸收公众存款，经营小额贷款业务的有限责任公司或股份有限公司。小额贷款公司满足一定条件可改制设立村镇银行。

以上三类金融机构主要也是为农村金融服务的，只是目前还不普遍，只在个别地区才能见到。

温馨提示

在看新闻联播时，我们经常能听到"中国人民银行"这样的字眼，我们日常生活中所使用的人民币，上面也印着"中国人民银行"的字样。但是，它并不是一家通常意义上的"银行"，而是向银行提供资金的机构，理论界称为"中央银行"，简称为"央行"。实际上，它是国家机构，而各商业银行属于企业。比如，国防部负责军队与国防事务、公安局负责治安、工商局管理公司企业等，中国人民银行负责的事务是发行货币，即所谓的"印钱"，理论一点说就是，中国人民银行代表国家从事金融活动。中国人民银行不跟一般的公司企业和个人打交道，只与商业银行和其他金融机构有业务往来。中国人民银行的标识如图1—5所示。

中国人民银行

THE PEOPLE'S BANK OF CHINA

图1—5 中国人民银行标识

三、农户贷款种类

按照现行规定，农户可以申请的贷款主要有：种植业、养殖业等农业生产费用贷款；农机具贷款；围绕农业产前、产中、产后服务贷款及购置生活用品、建房、治病、子女上学等消费类贷款。另外，为了鼓励农村青年开展经营，在团中央的推动下，开办了农村青年创业贷款等。

第二章 贷款知识

农家金融

辽宁省农行三农贷款增幅超过城市

记者 5 月 11 日从农行辽宁分行了解到，2012 年一季度，该行县域信贷增幅高于城市 0.36 个百分点，贷款余额达 122.67 亿元，占全部贷款余额的 15.53%，比年初增加 8.02 亿元。农村信贷增幅高于城市，意味着我省农村经济已进入新的发展期。

在我省县域经济三年倍增计划实施过程中，农行辽宁分行看到了巨大商机，他们视服务三农为己任，提出农村经济发展到哪里，服务就跟踪到哪里；农民有什么需求，要想方设法来满足，实施惠农战略，积极开拓农村金融市场。让金融资本与农村产业资本对接，产生龙头带动和辐射作用。绥中县春贺食品有限公司是一家海产品加工出口企业，每逢收购时节，都需要数额巨大的信贷资金。农行创新经营理念，采取企业房产抵押的方式，解决了对方燃眉之急。2011 年，春贺公司利用农行提供的 1 000 万元贷款，把加工的海产品出口到欧盟、日本和美国等地，创汇 2 200 万美元，带动了全县 3 000 多户渔民发家致富。2011 年以来，我省 314 户农业产业化龙头企业，累计得到该行 11.72 亿元的贷款支持；而中小企业也得到了悉心呵护，贷款余额达 48.26 亿元，同比增长 21.68%。

随着经济发展，农村家庭经济对金融信贷的需求逐年递增。但由于抵押物不足及成本高、风险大等原因，导致贷款不足，严重制约了农村经济发展。农行辽宁分行通过信息技术的普及应用和加强管理等综合措施，降低经营成本；同时，摸索出公司+农户、自然人担保、多户联保、抵押担保等多种行之有效的担保方式，努力化解农民贷款难。2011年以来，该行累计发放个人创业贷款、农村个人生产经营贷款、农户小额贷款18.78亿元，帮助一大批农民圆了致富梦。

资料来源　孙万科：《辽宁省农行三农贷款增幅超过城市》，载《辽宁日报》，2012-05-12。

贷款难目前还是我国普遍存在的问题，在广大农村情况更为严重。另外，广大农村还有认为"借钱丢脸"的错误认识问题。这都不利于农村生产生活的正常进行和改善。进一步而言，贷款计息和还款问题也是农户需要加强认识的问题。本章就对贷款的一些基本常识进行介绍，以帮助农民朋友认识贷款、获取贷款，从而通过银行的助力，更快地改善生产生活。

一、贷款概况

贷款是指金融机构依法把货币资金按一定的利率贷放给客户，并约定期限，由客户偿还本息的一种信用活动。

在银行或者信用社中，将借入钱的一方，即农户，称为借款人；将借出钱的一方，即银行或信用社，称为贷款人。这是规范的称呼，与人们日常借贷中的称呼不太一样，在进行贷款前需要注意了解。

1. 贷款用途

对于农村中的农户贷款，贷款用途有明确规定，具体包括：

（1）种植业、养殖业等农业生产费用贷款，为购买肥料、农药、种苗、种子、饲料等贷款。

（2）为农业生产服务的个体私营经营贷款。

（3）农机具贷款，为购买耕具、抽水机、脱粒机及其他小型农用机械等贷款。

（4）小型农田水利基本建设贷款。

此外，针对农家子弟考入高等学校，国家还发放助学贷款，以帮助农家子弟完成学业。

2. 贷款种类

农户贷款，按不同标准，可划分为不同种类。最主要的两种划分方式是：按担保情况可划分为农户小额信用贷款、农户保证贷款、农户联保贷款；按用途划分，贷款可分为种植业贷款、养殖业贷款、生产经营贷款、青年创业贷款、农业设施贷款、助学贷款等多种。

🌾**知识窗**

贷款种类大全

按照贷款期限划分	中长期贷款——贷款期限在 5 年（不含）以上、中期贷款——贷款期限 1~5 年、短期贷款——贷款期限在 1 年（含）以内、透支——没有固定期限的贷款
按币种划分	本币贷款、外币贷款
按贷款主体性质划分	经济组织贷款、企业单位贷款、事业单位贷款、个人贷款
按照贷款用途划分	企业（经济组织）类：固定资产投资贷款、项目融资贷款、一般固定资产贷款、流动资金贷款、铺底流动资金贷款、临时流动资金周转贷款、票据贴现 个人类：个人经营类贷款、个人消费类贷款、住房抵押贷款（俗称按揭，包括一手房贷款、二手房贷款、商用房抵押贷款（有些银行把这类贷款归入经营类贷款））、汽车贷款（含自用车和商用车，有些银行把商用车贷款归入经营类贷款）、助学贷款、其他消费贷款、装修贷款、旅游贷款、耐用消费品贷款、个人质押类贷款、其他贷款

按利率划分	固定利率贷款、浮动利率贷款、混合利率贷款
按照贷款担保方式划分	信用贷款、担保贷款、票据贴现 其中担保贷款又分为：保证贷款、抵押贷款、质押贷款
按照贷款资产质量（风险程度）划分	正常贷款、关注贷款、次级贷款、可疑贷款、损失贷款
按贷款在社会再生产中占用形态划分	流动资金贷款、固定资金贷款
按国际惯例（风险度）对贷款质量的划分	正常、关注、次级、可疑、损失 后三类贷款称为"不良贷款"或为"有问题贷款"
按贷款渠道划分	传统贷款（也叫线下贷款，指通过银行等，在实际生活中提交贷款申请）、网上贷款（也叫在线贷款，指在网上进行贷款提交申请）

3. 贷款成本

①贷款利息。各机构贷款利率的水平不尽相同，银行业金融机构收取的利息都是在中国人民银行公布的基准利率基础上不浮动或上浮一定比例；小额贷款公司执行的利率要比金融机构稍高；民间借贷的利率是不确定的，一般比较高。

②如果需要担保公司提供担保，担保公司要收取一定费用。

③办理贷款手续，还可能产生误工费用、协商费用等，这样一来，贷款成本又会有所增加。

贷款实例

村民老张在当地一家农村信用社，用住房作抵押，办理了一笔抵押贷款，金额 10 000 元，期限 1 年，利率 7.4%。办理期间支出的费用如下：交通费 20 元，房屋评估费 120 元，房屋登记费 80 元，贷款工本费 20 元等，请问：张先生这笔贷款成本是多少？

老张的贷款成本 ＝交通费 20 元＋房屋评估费 120 元＋房屋登记费 80 元＋

贷款工本费 20 元＋贷款利息（10 000 元×利率 7.4%×1 年）

＝980 元

降低贷款成本有以下几个途径：
①选择收费较低的金融机构；
②减少不必要的费用；
③选择适合的金融服务机构；
④根据贷款的用途和使用期限，合理选择贷款种类。

4. 贷款技巧

（1）货比三家，慎选银行

当前，银行竞争非常激烈，各自为了争取到更多的市场份额，都会按照国家规定贷款利率范围进行贷款利率的调整。因此，资金需求者在贷款时，要做到"货比三家"，选择低利率银行去贷款。

（2）合理计划，选准期限

对于资金需求者，需要用款的时间有长、有短。因此，为避免多掏利息，在银行贷款时，就应合理计划用款期限。同样是贷款，选择贷款期限越长，利率就会越高。也就是说，选择贷款期限越长，即使是同一天还贷款利息也会不同。例如，现行短期贷款利率分为半年和一年两个档次，并规定贷款期限半年以内的执行半年期档次利率，超过半年不足 1 年的就要执行 1 年期档次利率。如果资金需求者贷款期限为 7 个月，虽然只超过半年期时间点 1 个月，但按照现行贷款计息的规定，只能执行1年期贷款利率，这样无形中就增加了资金需求者的贷款利息负担。

（3）弄清价差，优选方式

目前，银行部门在贷款的经营方式上，主要有信用、担保、抵押和质押等几种形式。与此对应，银行在执行贷款利率时，对贷款利率的上浮也会有所不同。申请期限一样长、数额又相同的贷款，如果选择错了贷款形式，可能就会承担更多的贷款利息支出，让自己白白多掏钱。因此，资金需求者在向银行贷款时，关注和弄清不同贷款方式下的利率价差非常重要。比如，现在银行执行利率最低的贷款有票据贴现和质押贷款，如果自己条件允许，那通过这两种形式进行贷款，肯定再合适不过了。

（4）贷款协议，慎重签订

现在，很多资金需求者在银行贷款签订协议时显得非常随意。其实这说明他们缺乏良好的融资理财意识，往往会在贷款时多掏利息，造成人为的"高息"。因为现在有些银行的贷款形式会让资金需求者在无形中多掏利息，例如，留置存款余额贷款和预扣利息贷款。所谓留置存款余额贷款，即资金需求者向银行取得贷款时，银行要求其从贷款本金中留置一部分存入该银行账户，以确保资金需求者在贷款本息到期时能如期偿还。但就资金需求者来讲，贷款本金被打了折扣就等于多支付了利息。所谓预扣利息贷款，即有些银行为确保贷款利息能够按时归还，在贷款发放时从贷款人所贷款的本金中预扣掉全部贷款利息。由于这种方式会让资金需求者可用的贷款资金减少，客观上加大了资金需求者的贷款成本。

（5）还款方式，适合为要

应选择合适的还款方式，一句话，适合自己的才是最好的，把自己的收入与还款匹配起来就是最合理的，也就是收入多的时候多还，收入少的时候少还，这样负担就比较均衡。

当然，现代金融机构业务不断创新，贷款还款方式也多种多样，比如阶段性还款法、"随心还"还款法等，但只要掌握了基本的还款方式和计息公式，就不难对各种创新还款方式"掂量轻重"。

5. 注意信用等级

要成功申请贷款，农户就要注意提升自己家庭的信用等级。首先要明确的是，不是说家里有钱，信用等级就高。要获得更好的信用等级，应注意做好以下几点：

（1）认真填送农户信用档案表，如实反映相关情况；

（2）及时归还金融机构贷款，确有困难不能按时归还的，要向金融机构办理展期；

（3）培养家庭成员良好的生活习惯，不参与赌博等违法乱纪行为；

（4）学习生产技能，提高家庭收入；

（5）提高家庭成员身体素质；

（6）在村里（社区）树立良好口碑。

6. 贷款注意事项

对于贷款，我们要重信用、守合同。贷款逾期不仅给我们信用"抹黑"，而且会大大加重利息负担。

逾期贷款（借款人未按合同约定日期还款的借款）的罚息利率，在借款合同载明的贷款利率水平上加收 30% ~ 50%；借款人未按合同约定用途使用借款的罚息利率，在借款合同载明的贷款利率水平上加收 50% ~ 100%。

对逾期或未按合同约定用途使用借款的贷款，从逾期或未按合同约定用途使用贷款之日起，按罚息利率计收利息，直至清偿本息为止。对不能按时支付的利息，按罚息利率计收复利。

而且，如果有欠款不还的记录，不同银行通过联网是能够查询到的，不仅会给自己的生活、生产带来影响，甚至会给子女带来影响。所以，不要以为得拖且拖，一定要及时、足额归还贷款。

二、贷款的担保形式

但凡贷款，一般都需要申请人提供担保，以使在借款人发生偿付困难的时候，缓解贷款人所面临的风险，贷款担保主要包括抵押、质押、保证等形式。只有信用贷款不用担保，信用在涉农贷款中应用得较多。

1. 抵押贷款

抵押贷款是指贷款人按《中华人民共和国担保法》（以下简称《担保法》）规定的抵押方式，以借款人或第三人的财产作为抵押物发放的贷款。

按有关规定，可作为抵押物的有：①抵押人有权自主支配的房产和其他土地定着物；②抵押人依法取得的国有土地使用权；③贷款人认可的其他财产。

贷款人与抵押人签订抵押合同后，双方必须依照有关法律规定，办理抵押物登记。抵押合同自抵押物登记之日起生效，到借款人还清全部贷款本息时终止。

在实际办理抵押贷款过程中，金融机构一般会要求房屋所有权证与国有土地使用权证同时具备。例如，村民老张准备用自己价值80 000元的房屋（有房屋产权证但无土地使用权证），到某家农村信用社申请办理抵押贷款，申请金额5 000元、期限1年，他能获得贷款吗？答案：不能。原因是只有房屋产权证但无土地使用权证不符合金融机构"房屋所有权证与国有土地使用权证同时具备"的要求。

2. 质押贷款

质押贷款是指贷款人按《担保法》规定的质押方式，以借款人或第三人的动产或权利为质押物发放的贷款。可作为质押的质物包括国库券（国家有特殊规定的除外）、国家重点建设债券、金融债券、AAA级企业债券、储蓄存单等有价证券。

出质人应将权利凭证交与贷款人；质押合同自权利凭证交付之日起生效；以个人储蓄存单出质的，应提供开户行的鉴定证明及停止支付证明。

办理质押贷款的步骤如下。

①明确是否符合银行申请条件。

②提供申请质押贷款所需的资料：第一，书面申请表；第二，申请人本人的有效身份证件，以第三人质物作质押的，还需提供第三人有效身份证件；第三，有效质物证明，以第三人质物作质押的，还需提供受理人、借款申请人和第三人签署同意质押的书面证明；第四，银行规定的其他资料。

③签订质押借款合同，约定贷款额、期限、利率、还款方式等。例如，村民老李用自己价值 50 000 元的定期储蓄存单作质押，准备到农村信用社申请贷款，金额 30 000 元，期限 1 年，他能获得贷款吗？这是可以的。储蓄存单是很好的质押物，用它作为质押，能很容易地取得贷款。

🌾 温馨提示

抵押担保与质押担保的区别

通俗地说，抵押担保中，抵押物在贷款后，仍由借款人持有并使用；质押担保中，质押物在贷款后，需交由贷款人持有。具体为：

（1）抵押的标的物通常为不动产、特别动产（车、船等），质押的标的物则以动产为主；

（2）抵押要登记才生效，质押则只需占有就生效；

（3）抵押标的物只有单纯的担保效力，而质押中，质权人既占有质物，又能体现留置效力；

（4）抵押权的实现主要通过向法院申请拍卖，而质押则多直接变卖。

3. 保证贷款

保证贷款指贷款人按《担保法》规定的保证方式，以第三人承诺在借款人不能偿还贷款本息时，按规定承担连带责任为条件而发放的贷款。保证人为借款提供的贷款担保，为不可撤销的全额连带责任保证，也就是必须担保贷款合同内规定的贷款本息和由贷款合同引起的相关费用。

保证贷款的特点是：手续简便，一般不需要办理有关登记评估等手续；保证人可选择一个或多个；保证人愿意长期（1 年及以上）作保的，可不再办理相关的单笔保证手续。例如，张某准备到中国邮政储蓄银行申请一笔贷款，期限 1 年，但张某无其他抵押品作抵押，就请求在乡政府工作的哥哥作担保，其兄以自己工资收入作担保。他能顺利获得贷款。因为中国邮政储蓄银行规定，农户只需一位或两位（人数依据贷款金额而定）有固定职业和稳定收入的人作其贷款担保人就可以向其申请贷款，这里"有固定职业和稳定收入的人"通常是政府公务员和学校正式编制的教师。

三、小额信用贷款

相对于抵押贷款和质押贷款，小额信用贷款不需要担保，如果贷款人能事先比较准确地判断借款人的风险状况，区分出信用水平较高的借款人，并且在贷款后能够较好地激励（或迫使）借款人偿还债务，那么贷款人就可能放松对借款人的担保要求，转而发放完全基于借款人信用保障的信用贷款。从实际情况看，这种无须担保的信用贷款往往额度较小，所以我们常常可以听到"小额信用贷款"的说法。在此，先作以概括性的介绍，后续章节会有详细的阐述。

国际上，小额信用贷款已有 30 多年的发展历史，最出名的是孟加拉国的尤努斯教授开创的孟加拉乡村银行，这个银行专门面向穷人发放不需要担保的抵押贷款。令人吃惊的是，孟加拉国的穷人大部分很讲信用，都能按时偿还贷款，从而乡村银行持续不断地借款给他们，最后，乡村银行和它原本贫穷的客户都得到了很好的发展。

1999 年，在中国人民银行支持下，我国各地的农村信用社开始发放小额信用贷款，并于 2000 年开始发放联保贷款。为了更好地为农民服务，小额信用贷款和农民联保贷款在吸取国际经验的基础上，结合我国农村社会和经济特征，进行了有益的创新。

1. 小额信用贷款概况

农户小额信用贷款主要是由农村信用社开办的、主要基于农户信用水平、在核定的期限内向农户发放的、不需要担保的贷款。农户小额信用贷款规定了特殊的"一户一份贷款证"管理模式，即一次核定、随用随贷、余额控制、周转使用。后来又发展出"农户贷款证——信用村（镇）建设"的特殊风险管理制度。

小额信用贷款适用于主要从事农村土地耕作或者其他与农村经济发展有关的生产经营活动的农民、个体经营户等。其主要做法是：依靠乡村干部协助，对辖内所有农村（及社区）居民建不分户经济档案，制定评级标准，评定信用等级并张榜公布，依据信用等级分别授予1万～10万元的信用贷款额度，并发给信用证，农户凭信用证、身份证和印鉴，随时在所属信用社取得授信额度内的贷款。

有些地方的农村信用社规定，农户信用水平的评定办法是：信用社将农户资信分为优秀、较好、一般三个信用等级，不同等级有不同标准。

（1）"优秀"等级："3年内在信用社贷款并按时偿还本息，无不良记录；家庭年人均纯收入在2 000元以上；自有资金占生产所需资金的50%以上。

（2）"较好"等级：有稳定可靠的收入来源，基本不欠贷款，家庭年人均纯收入在1 000元以上。

（3）"一般"等级：家庭有基本劳动力，家庭年人均纯收入在500元以上。

当然，不同地区有不同的评定标准和评定方法。

一般来说，农户小额信用贷款的额度依据农户信用等级来核定；贷款期限则根据生产经营活动的周期确定，原则上不超过1年；因特大自然灾害等不可抗力而造成绝收的，可延期或展期归还。贷款利率水平一般在中国人民银行公布的贷款基准利率和浮动幅度内，并适当优惠，农户小额信用贷款的结息方式与一般贷款相同。

2. 农户联保贷款

与小额信用贷款不同，农户联保贷款首先要求由彼此没有直系亲属关系的5～10户农户，自愿组成联保小组，然后，信用社在联保小组成员承诺彼此承担联保（连带偿付）责任的基础上面向小组成员发放贷款。联保小组实际上是以小组成员之间的互相监督和互相担保承诺来作为防止信贷风险的手段。农户联保贷款采用"多户联保，按期存款，分期还款"的风险管理技术，并规定单次贷款额度原则上不超过当地农户的年平均收入，期限不超过1年。目前，中国邮政储蓄银行也在大力推动小额农户贷款，其品种有农户联保贷款、农户保证贷款、商户联保贷款和商户保证贷款四种。

信贷员受理内容包括调查借款人的还款能力，审查借款资格、用途、借款资料，协商贷款额度、期限、还款方式或还款计划等。对于超过信贷员和基层信用社权限的贷款项目，要逐级上报审批；已经给予授信评级的，可凭贷款证、身份证和印鉴，随时在授信机构取得的授信额度内贷款。借款人应提供的贷款资料包括书面申请、借款人身份证、户籍证明或家庭成员关系证明、大额贷款抵押或担保手续等。

3. 农户保证贷款

农户保证贷款指农户只需有一位或两位（人数依据其贷款金额而定）有固定职业和稳定收入的人做其贷款担保人，就可以申请贷款。目前，农户保证贷款主要是中国邮政储蓄银行开办，每个农户的最高贷款额暂为5万元。在有的地方，农户小额贷款最快一周就可以拿到。

保证贷款中，贷款人按《担保法》规定的保证方式，以第三人承诺在借款人不能偿还贷款本息时，按规定承担连带责任为条件而发放贷款。保证人为借款提供的贷款担保，为不可撤销的全额连带责任保证，也就是必须担保贷款合同内规定的贷款本息和由贷款合同引起的相关费用。

保证贷款的特点是：①手续简便，一般不需要办理有关登记评估等手续；②保证人可选择一个或多个；③保证人愿意长期（1年及以上）作保的，可不再办理相关的单笔保证手续。

4. 农村青年创业小额贷款

农村青年创业小额贷款也属于农村小额信贷的一种类型。2009年5月，共青团中央、中国农业银行签署《支持农村青年创业就业合作协议》，按照"试点先行、分步推进"的原则，从8月份开始在全国10个省（区、市）的55个县（市、区）开展农村青年创业小额贷款试点，探索形成适合农村青年小额信贷的工作流程和工作模式。试点工作取得成效后，为进一步扩大农村青年创业小额贷款工作覆盖面、加大对农村青年创业就业的扶持力度，共青团中央、中国农业银行决定按照《支持农村青年创业就业合作协议》，在全国开展农村青年创业小额贷款工作。

按照团中央与中国银监会联合签署的《关于实施农村青年创业小额贷款的指导意见》的相关要求，辽宁省各级团组织已经陆续开展了农村青年创业小额贷款培训工作和送金融知识下乡工作，有效地帮助广大农村青年提升获取金融服务和运用金融工具的能力，更好地扶持农村青年创业就业。

各地一般对农村青年创业小额贷款实行贷款利率优惠政策，例如，有的农村信用社对于农村青年创业小额贷款利率原则上不超过中国人民银行公布的同期同档次的基准利率上浮的20%。农村青年创业小额贷款常见的还款方式有"按月（季）结息、到期还本付息"、"利随本清"、"等额本息"和"等额本金"等方式。

5. 助学贷款

每年高考，对很多农村家庭来说，既喜又忧，喜的是孩子将来有出息了，忧的是大学学费是家庭一副不轻的担子，很多家庭为筹不到足够的学费而忧愁苦恼。虽然助学贷款不是单独针对农户设立的，但根据教育部门的调查，上学难主要集中在农村，因此，助学贷款无疑是农家的"及时雨"和"圆梦人"。

（1）国家助学贷款

为了解决贫困学子上不起学的问题，我国于1999年开始实施国家助学贷款政策。

国家助学贷款对象是普通高等学校家庭经济困难的全日制本专科生（含高职生）、研究生和第二学位学生；贷款金额最高限额为每人每学年 6 000 元，限于学生的学费、生活费和住宿费；借款学生在校期间的贷款利息全部由财政补贴，学生毕业后执行中国人民银行规定的同期限利率；贷款还款期限从借款人毕业之日起，视就业情况，在 1~2 年后开始还款，最长不超过 6 年，特殊情况下，借款学生可向贷款银行申请展期。

目前，辽宁省国家助学贷款承办银行是中国银行辽宁省分行，它的服务热线是 95566。

（2）辽宁省生源地信用助学贷款

为切实帮助高等学校家庭经济困难学生顺利入学并完成学业，方便其办理助学贷款，辽宁省政府决定从 2011 年秋季开始在全省开办生源地信用助学贷款业务。

辽宁省生源地信用助学贷款是由生源地信用助学贷款经办银行向符合条件的家庭经济困难的高校新生和在校生（以下称借款人）发放的，且在其入学前由户籍所在县（市）、区的学生资助管理中心和经办银行办理的助学贷款。

生源地信用助学贷款不需要担保或抵押，学生和家长（或其他法定监护人）为共同借款人，共同承担还款责任。

生源地信用助学贷款的用途是帮助家庭经济困难学生支付在校期间的基本学费和住宿费。贷款金额原则上不低于 1 000 元（含），最高限额为每人每学年 6 000 元（含）。

生源地信用助学贷款实行按学年度申请、审批和发放。

四、贷款利息

1. 利息

贷款对于很多人都是陌生的，但对存款一定不陌生，其实，贷款与存款就是反方向的事，你向银行贷款，就像银行在你那儿"存钱"

一样。把钱存在银行，存一天就有一天的利息，存的钱越多，得到的利息就越多。同样，对于贷款来说，银行的贷款多用一天，就要多付一天的利息，贷款的金额越大，支付给银行的利息也就越多。

贷款利息的计算公式是：

利息＝贷款金额×利率×占用时间

2. 利率

在日常生活的借贷中，有的是村民之间的帮忙，这是不要利息的。有的需要利息，这就需要约定利率，一般称为"一分利"、"二分利"。向银行和信用社的贷款，肯定是要支付利息的，但利率不同于民间的说法，金融机构的利率一般是年利率，其次是月利率。贷款利率又称为贷款利息率，表示一定时期内，利息量与本金的比率，通常用百分比表示，按年计算的称为年利率。利率的计算公式是：

利率＝利息额÷本金×100%

年利率与月利率的换算公式是：

年利率＝月利率×12

3. 贷款的期限与还款方式

1年期以内的贷款称为流动性贷款或短期贷款，1至5年期的贷款称为中长期贷款。

贷款期限和偿还方式在贷款时由双方商定。

归还贷款的方式有多种，主要有：一次性还本付息、分期结息、提前归还、循环还款、等额本息还款、等额本金还款等方式。

①一次还本付息

一次还本付息，即到期一次性归还贷款本金和利息，是指借款人在贷款期内不是按月偿还本息，而是贷款到期后一次性归还本金和利息。一次还本付息这种方式一般适合短期贷款。一次还本付息是最普遍的还款方式。

一次还本付息法的计算公式如下：

贷款期为1年的：

到期一次还本付息额＝贷款本金×［1+年利率（%）］

贷款期不到 1 年的：

到期一次还本付息额＝贷款本金×［1+月利率（‰）×贷款期（月）］

②分期结息

分期结息是指对贷款按季归还利息和按月归还利息。按季结息的，每季度末的 20 日为结息日，也就是 3 月、6 月、9 月、12 月的 20 日为结息日，在这一天借款人需就此笔贷款向银行结付利息；按月结息的，每月的 20 日为结息日。分期结息是银行降低贷款风险的一种方式。

在实际操作过程中，农村信用社除农户小额信用贷款采取了利随本清结息方式外，绝大部分贷款实行了按季或按月结息方式。

有的银行、信用社规定，对 5 万元以上的贷款实行按月结息，对其他类贷款实行按季结息；有的乡镇的农村信用社规定，对农户小额信用贷款实行利随本清，对其他类贷款实行按季结息。

按季结息和按月结息每次只结利息不需还本，贷款到期再归还全部本金。具体结息方式由借贷双方协商确定。

③提前归还

提前归还是指借款人提前归还贷款本金和利息，农户提前归还贷款能降低利息支出，但这需要向银行和信用社申请，这和我们日常生活中提前归还借款是不一样的。

🌾 小资料

有钱一定要还"贷款"吗？

村民张大哥贷款办了一个农家乐垂钓中心，贷款金额为 300 万元，贷款利息为 7%，后来张大哥凑齐了 300 万元希望一次性还款，不想再欠银行的钱了。张大哥找到银行问有没有投资收益超过 7% 的投资渠道，这时银行正在代理一款信托理财产品，3 年期年收益 13%。张大哥测算，如果购买这款理财产品，用产品收益去还贷款，每年可获利 18 万元，3 年就是 54 万元，这 54 万元其实就是借用银行的钱为自己赚取的利润。贷款不但没支出利息还获得了更高的利润。

对此，简单总结如下：

①如果收益大于支出，这个方案就可以执行，同样是300万元，当理财收益大于借款成本时，这个计划就可以付诸实践了（如果贷款是100万元，也可以用100万元参与信托理财）。

②在央行存款准备金不断提高的前提下，在银行贷款是很难的，所以，一定要珍惜已经拿到的"贷款权利"，贷款并非一定是成本的超额支出，也可能是一次获利的机会。

③在所有高收益的理财方式中，能和贷款配合操作的只有股权私募理财和信托集合理财计划，而这两类理财方式都必须是挂钩有具体投资方向的，并且要注明预期的固定收益，当然，一定不能是投资资本市场。

资料来源　http：//www.jrj.com.cn，经过改编。

看了上面的实例是不是让你大吃一惊，完全颠覆了你的传统观念？是的，有了钱可以先不还贷款，毕竟"多赚钱才是硬道理"。如果你贷款买了房子，现在有能力一次性还款，你是还还是不还？很多人认为：如果不还，等贷款到期时，我前前后后会多还很多钱，与其借银行的钱住房子，不如早早把贷款还上，毕竟欠钱过日子不好受。一个人或一个家庭避免负债是正确的，但是并非所有的欠款都应该尽快还上。如果有一种新的获利模式可以超过银行的贷款利息，那么就应该用这类投资方式获得的利润去还贷款，多出的部分就是盈利。我们这里提到的信托融资模式就可以以超过银行贷款利息的形式获得更多的盈利。当然，不提前还款必须具备的前提是能挣到比利息更多的钱！

④循环还款

循环还款是指在核定的最高额度和期限内，借款人随借随还、自助放款还款，主要用于满足农户临时性、短期周转资金需要。可循环贷款额度期限不得超过3年，额度内的单笔贷款期限一般不超过1年，最长不超过2年，且到期日不得超过额度有效期后6个月。额度内的单笔贷款期限超过1年时，只有在收回该笔贷款本金的50%后，收回的贷款本金才能在核定的有效期限内再次循环使用。

在授信额度和期限内，随借随还，按使用金额和天数计算利息，这最大限度地减少了借款人的利息支出。

以日利率5‰为例，借入1 000元，1个月后应归还：

1 000+1 000×5‰×30＝1 015（元）

⑤等额本息还款

等额本息还款，即借款人每月按相等的金额偿还贷款本息，其中每月贷款利息按月初剩余贷款本金计算并逐月结清。由于每月的还款额相等，因此，在贷款初期每月的还款中，剔除按月结清的利息后，所还的贷款本金就较少；而在贷款后期因贷款本金不断减少，每月的还款额中贷款利息也不断减少，每月所还的贷款本金就较多。

在这种还款方式下，实际占用银行贷款的数量更多、占用的时间更长，同时它还便于借款人合理安排每月开支，对于擅长于"以钱生钱"的人来说，无疑是很好的选择。

等额本息还款法的计算公式如下：

$$\text{每月还款额}=\left[\text{贷款本金}\times\text{月利率}\times(1+\text{月利率})^{\text{还款总期数}}\right]\div\left[(1+\text{月利率})^{\text{还款总期数}}-1\right]$$

⑥等额本金还款

等额本金还款，又称利随本清、等本不等息还款法。贷款人将本金分摊到每个月内，同时付清上一交易日至本次还款日之间的利息。这种还款方式相对等额本息而言，总的利息支出较低，但是前期支付的本金和利息较多，还款负担逐月递减。

使用等额本金还款，开始时每月负担比等额本息要重。尤其是在贷款总额比较大的情况下，相差可能达数千元。但是，随着时间推移，还款负担逐渐减轻。这种方式很适合目前收入较高，但是预计将来收入会减少的家庭。

等额本金还款法的计算公式如下：

每月应还本金＝a/n

每月应还利息＝a_n×i/30×d_n

其中：a 为贷款本金；i 为贷款月利率；n 为贷款月数；a_n 为第 n 个月贷款剩余本金，$a_1 = a$，$a_2 = a - a/n$，$a_3 = a - 2 \times a/n$，依此类推；d_n 为第 n 个月的实际天数，如平年 2 月就为 28 天，3 月就为 31 天，依此类推。

🌾**知识窗**

等额本息还款法与等额本金还款法比较

两种还款方法都是随着剩余本金的逐月减少，利息也将逐月递减，都是按照资金的时间价值来计算的。由于"等额本金还款法"较"等额本息还款法"而言同期较多地归还贷款本金，因此以后各期确定贷款利息时作为计算利息的基数变小，所归还的总利息相对就少。

等额本息与等额本金还款比较见表 2—1（以贷款 1 万元 1 年，月利率为 3.45‰为例）。

表 2—1　　　　　　　等额本息与等额本金还款比较　　　　　单位：元

贷款期	等额本息			等额本金		
	还款本金	利息	本息合计	还款本金	利息	本息合计
1	817.64	34.50	852.14	833.33	34.50	867.83
2	820.46	31.68	852.14	833.33	31.63	864.96
3	823.29	28.85	852.14	833.33	28.75	862.08
4	826.13	26.01	852.14	833.33	25.88	859.21
5	828.98	23.16	852.14	833.33	23.00	856.33
6	831.84	20.30	852.14	833.33	20.13	853.46
7	834.71	17.43	852.14	833.33	17.25	850.58
8	837.59	14.55	852.14	833.33	14.38	847.71
9	840.48	11.66	852.14	833.33	11.50	844.83
10	843.38	8.76	852.14	833.33	8.63	841.96
11	846.29	5.85	852.14	833.33	5.75	839.08
12	849.21	2.93	852.14	833.37	2.88	836.25
合计	10 000.00	225.68	10 225.68	10 000.00	224.28	10 224.28

从表面看，等额本金还款法比等额本息还款法归还的总利息相对要少，但千万别以为采用等额本金还款法就可以节省利息，实际上根本不是那回事。

我们从上面的贷款利息计算公式可知，利息的多少，在利率不变的情况下，决定因素只能是资金的实际占用时间和占用金额的大小，跟采用哪种还款方式无关！

不同的还款方式，只是为满足不同人群（不同收入、不同年龄等）的不同需要而设定的。其中变化的只是贷款本金是先还还是后还（是"朝三暮四"还是"朝四暮三"），造成贷款本金事实上的长用短用、多用少用，从而影响利息随资金实际占用数量及期限长短的变化而增减。

总之，不管采取哪种贷款还款方式，银行肯定是不会做吃亏的买卖的，咱们其实也得不到真正的节省利息支出的"馅饼"，能够做的，就是结合自身状况，尤其是未来可能的变化，选择最有利的还款方式。

五、利息计算

1. 基本常识

（1）计算公式

人民币业务的利率换算公式为（注：存贷通用）：

日利率（万分数）＝年利率（百分数）÷360＝月利率（千分数）÷30

月利率（千分数）＝年利率（百分数）÷12

（2）银行计息方法

银行可采用积数计息法和逐笔计息法计算利息。

①积数计息法

积数计息法按实际天数每日累计账户余额，以累计积数乘以日利率计算利息。计息公式为：

利息＝累计计息积数×日利率

其中：累计计息积数＝每日余额合计数。

②逐笔计息法

逐笔计息法按预先确定的计息公式"利息＝本金×利率×贷款期限"逐笔计算利息，具体有3种计算方法。

第一，计息期为整年（月）的，计息公式为：

利息＝本金×年（月）数×年（月）利率

第二，计息期有整年（月）又有零头天数的，计息公式为：

利息＝本金×年（月）数×年（月）利率+本金×零头天数×日利率

第三，银行可选择将计息期全部化为实际天数计算利息，即每年为365天（闰年366天），每月为当月公历实际天数，计息公式为：

利息＝本金×实际天数×日利率

这3个计算公式的实质相同，但由于利率换算中1年只作360天计算，实际按日利率计算时，1年将作365天计算，得出的结果会稍有偏差。具体采用哪一个公式计算，央行赋予了金融机构自主选择的权利。因此，当事人和金融机构可以对此在合同中约定。

（3）复利

复利即对利息按一定的利率加收利息。按照央行的规定，借款方未按照合同约定的时间偿还利息的，就要加收复利。

（4）罚息

贷款人未按规定期限归还银行贷款，银行按与当事人签订的合同对违约人的处罚利息叫银行罚息。

（5）逾期违约金

贷款逾期违约金的性质与罚息相同，是对合同违约方的惩罚措施。

（6）计息方法的制定与备案

全国性商业银行制定的计息、结息规则和存贷款业务的计息方法，报中国人民银行总行备案并告知客户；区域性商业银行和城市信用社法人报人民银行分行、省会（首府）城市中心支行备案并告知客户；农村信用社县联社法人可根据所在县农村信用社的实际情况制定计、结息规则和存贷款业务的计息方法，报人民银行分行、省会（首府）城市中心支行备案，并由农村信用社法人告知客户。

2. 贷款期限内的利息计算

合同期限内的利息计算涉及两个方面，即单利和复利。在一份贷款合同中，双方当事人除了就本金的偿还方法、偿还时间做出约定，通常还会就利息的偿还方法和时间做出约定。例如，合同中"按季收息，利随本清"的约定。这就要求借款方每过一个借款季度就要还一次利息，这种利息就是单利。如果借款人未能在某一季度按时偿还该季度的利息，那么从利息逾期之日起，就要对这部分逾期的利息加收利息，即复利。依据1999年《人民币利率管理规定》，短期借款的可以按月、按季结息，每月或每季末月20日为结息日；中长期借款按季结息，每季度末月20日为结息日。

（1）单利计算

单利的计算仅在原有本金上计算利息，对本金所产生的利息不再计算利息。计算利息有三个基本要素：本金、利率和期限。利息的多少与这三个要素成正比关系：本金数量越大，利率越高，存放期越长，则利息越多；反之，利息就越少。

①利率的确定

依照合同约定的利率计算；未约定利率或约定不明或约定的利率违反了法律规定或人民银行的有关规定的，依据人民银行的有关规定确定利率，通常取央行的基准利率。关于合同期限内贷款利率的调整问题，由借贷双方按商业原则确定，可在合同期间按月、按季、按年调整，也可采用固定利率的确定方式。5年期以上档次贷款利率，由金融机构参照人民银行公布的5年期以上贷款利率自主确定。

②计算公式

单利的计算公式为：

利息＝本金×利率×贷款期限

具体可参照前文所述。

（2）复利计算

这里的复利是指合同期限内对逾期利息加收的利息。复利的计算是对本金及其产生的利息一并计算，也就是利上有利。复利计算的特点是：把上期末的本利和作为下一期的本金，在计算时每一期本金的数额是不同的，越往后越高。

①利率的确定

按照人民银行公布的罚息利率计收复利，1999年有关规定确定的复利利率与合同利率相同，2003年的有关规定改为罚息利率。

②计算公式

复利的计算公式为：

（本期）复利＝（上期结余）利息×（罚息）利率×贷款期限

（本期）总利息＝（本期）复利＋（本期）单利（本金×$\frac{合同}{利率}$×$\frac{贷款}{期限}$）

3. 罚息计算

从性质上讲，罚息是对借款方违约的惩罚。计息以贷款逾期当日的本息合计作为基数。其计算方法大体和利息的计算方法一样。但人民银行曾多次对罚息利率进行了调整，而且规定实行分段计息。在结息的期限上，是按长期借款的做法"按季结息"还是以人民银行罚息利率调整的期限分段，将对计算结果有相当大的影响。在同一利率的情况下，分段越多，计息的基数相对增加，最后的利息总额会越高。由于银行规定是每月或每季末月的20日为结息日，其中遇到的涉及破月、破季的问题也会增加计算的难度。从银行的角度看：在依据人民银行调整罚息利率的时间进行分段的基础上再按季结息，利息总额相对较多，但计息过程相对复杂；仅按人民银行调整的罚息利率的时间分段，利息总额相对较少，计算相对容易。

罚息的计算公式为：

罚息＝上期本息结余×罚息利率×逾期期限

罚息＝本金×罚息利率×逾期期限＋累积逾期利息×罚息利率×逾期期限

这两个公式实质是一样的，只是形式上稍有差别。在第一个公式中，"上期本息结余"是个变量，它是本金和累积利息之和。利息在复利计算方法下是增加的，因而"上期本息结余"也会逐渐变大。在第二个公式中，本金即原始的合同本金，是个常量。引起变化的因素在于这个变量，随着逾期时间越长，"逾期利息"将呈现逐渐增加的趋势。至于罚息利率和逾期期限这两个因素，则属于相对常量。它们随银行规定的变化而变化。

4. 逾期贷款违约金的计算

逾期贷款违约金是对借贷双方违约行为的惩罚性制度，在性质上属于当事人在缔约时约定的违约方向对方承担的民事责任。《中华人民共和国民法通则》第一百一十二条第二款以及《中华人民共和国合同法》第一百一十四条第一款是逾期付款违约金的法律渊源和理论基础。通常认为，它不能与罚息同时适用于借款方。

（1）计算标准

最高人民法院对逾期付款违约金计算标准的历次调整，都是根据人民银行对金融机构计收逾期贷款利息标准的变动而变动的。

（2）计算方法

对于逾期贷款违约金的计算方法，合同当事人通常会在合约中约定，未约定或约定不明的按照合同法有关原则确定，如补充协议。违约金的计算方法通常与罚息的计算方法相类似。

5. 迟延履行期间的债务利息（双倍利息）的计算

该利息的产生从时间上看是发生在法院做出裁判以后。迟延履行期间的债务利息（下称双倍利息）性质上是对当事人不依法履行判决、裁定以及其他法律文书义务的惩罚，而不是简单对迟延履行还款义务的惩罚，加收的双倍利息并不是上缴国库，而是给债权人，所以它也具有一定的民事补偿性，而不是强制措施。要求支付双倍利息的直接法律依据是《中华人民共和国民事诉讼法》第二百三十二条："被执行人未按判决、裁定和其他法律文书指定的期间履行给付金钱义务的，应当加倍支付迟延履行期间的债务利息。被执行人未按判决、裁定和其他法律文书指定的期间履行其他义务的，应当支付迟延履行金。"

小资料

农村信用社结息的相关规定

农村信用社目前一般按季结息。

贷款金额在 2 万元（含）以上，在信用社开立个人结算账户，实行按季结息，结息日固定在每季 20 日（3 月 20 日、6 月 20 日、9 月 20 日、12 月 20 日）。

贷款实行按季结息，以天数计算，首次为自借款日期至固定结息日期，其余为一季度一结，最后一次天数为结息日至结清贷款日。在结息日，账户存款余额够扣息时，将直接扣收，余额不足导致利息未及时扣收的，将按规定收取复利。

举例来说，某村的李大哥向农村信用社贷款 5 万元用于养鱼，月利率 6.75‰，按季结息，则：

每个季度应还的利息=本金×6.75‰×3=50 000×6.75‰×3=1 012.50（元）

值得注意的是，在相同的名义利率水平下，按季结息的实际利率比一次还本付息高（虽然总的利息一般相等），为什么呢？这里面有个时间价值问题，简单来说，就是你先还的利息没用够整个贷款期。同样的道理，按周结息、按月结息、按季结息、按年结息的实际利率依次降低（在名义利率水平相同的情况下）。

贷款实例

教你计算小额贷款利息[1]

以贷款 10 000 元为例，贷款时间为 2011 年 1 月 1 日至 2011 年

---

[1] 本案例是特定农村信用社的情况，诚信奖励金制度有利于农户按时足额归还贷款。各地农村信用社贷款政策和规定有所差异，具体可向当地农村信用社信贷员咨询。本案例同时也说明，诚信是"金"。

12 月 31 日；协议月利率为 12‰，每个月所需要交的利息为 120 元，1 年的利息为 1 440 元。

（1）如果你每个月 20 日都按时还利息，到期后按时归还本金，那么在归还完贷款后信用社将一次性退还给你 468 元的诚信奖励金（每个月退还 39 元），实际上你全年支付的利息为 972 元（每个月还利息 81 元）。

（2）如果你某月没有在 20 日按时归还利息，但是在月底之前把它还了，那么你这个月的利息就是 120 元，其他的月份你都正常还利息了，那么正常还利息的月份利息就为 99 元，到贷款还清的时候，信用社就把正常还贷款的每个月的 21 元诚信奖励金退还给你。

（3）如果你某月没有在 20 日按时还利息，月底之前也没有还上而是拖到下个月才归还，那么你每个月交的 120 元就不退还一分了，即每月实际利息就是 120 元。

（4）如果你在贷款期间在信用社存款，假设你贷款期间日均存款余额为 8 000 元，你贷款 10 000 元中的 8 000 元在贷款结清时，信用社每月会退还你 60 元作为诚信奖励，相当于这部分贷款每月利息只有 60 元。而剩下的 2 000 元贷款，信用社每月只能退 39 元诚信奖励金，即这部分贷款实际利息为每月 81 元。当然，如果你贷款期间的日均存款超过了贷款金额，那你整个贷款，信用社每月都可退还你 60 元诚信奖励金，相当于整个贷款每月利息只有 60 元。

六、远离高利贷

1. 认清高利贷

高利贷，是高利息贷款的简称，也就是超过正常利率的借贷。那么利息超过多少才算是高利贷？我国的规定为，凡是超过国家公布的基准利率 4 倍以上（包括 4 倍）的都算作高利贷。之所以这样规定，是因为只有在规定的利率范围内，才能建立起比较合理的借贷关系，才能有利于生产和经济秩序的稳定。只有在这个范围内，才能得到法律的保护。例如，我们国家银行的贷款基准年利率是 7%，那么个人放贷年利率不超过 28% 就算是"合理"的。在资金紧张及经济过热时，南方个别放贷人的贷款利率是月息 10%，折算成年利率就是120%，已经远远超过国家规定的比例，是要受到国家严厉打击的。

高利贷与民间正常借贷的区别主要如下：

①性质不同。民间借贷往往出于互帮互助，通常属于私人之间的单独交往。虽然放贷者一般也有收益，但其利息不会高得离谱，最多不超过银行利息的 4 倍。高利贷则不同，放贷者就是想牟取暴利，放贷是他的一种商业行为，通常利息畸高，远远超出银行利息的 4 倍。

②规模不同。民间借贷的金额一般不大，借贷对象一般是熟悉的个人和单位，放贷次数也不会太多。高利贷则金额较大，通常是向不特定的人、多次发放贷款。

对借贷双方来说，涉入高利贷市场的人群都属于高危人群。对于放贷者来说，由于资金来源也是通过高息吸收上来的，所以必须高度关注贷出资金的安全，一旦借款者还款不及时，便容易动用非正常手段催债，甚至动用违法手段来逼债，极易引发社会治安问题。对于借款者来说，通过高利率借来的款项，虽然能解决生产经营或生活中的眼前困难，但是却背上了高利率的债务。在生产经营上，必须要取得高于利息率的资金利润率才能维持生产经营，一旦达不到取得高利润的目标，就意味着没有能力还款。有的就采取各种办法来逃避债务，由此又引发贷款人形形色色的催讨，甚至被追杀，影响了社会的稳定。所以说，高利贷是一个依附在商品经济身上被人们痛恨的毒瘤，必须要严格监控。

高利贷自古以来一直存在，只是在不同时期，泛滥程度有所不同。在旧社会，高利贷尤为盛行，最为常见的是所谓"驴打滚"、"利滚利"，即过期不还者，利转为本，本利翻转，越滚越大。高利贷，虽然被人们痛恨，但它却像"牛皮癣"一样，并不容易扫清。高利贷的产生原因主要有：

①银行贷款门槛高，农户很难取得银行借款。目前，除了房贷、

车贷等消费类贷款外，其他的个人贷款一般都要求有抵押物。虽然也有像农户小额贷款那样不需要抵押的信用贷款，但还远远不能满足众多农户的贷款需要。正常、公开的渠道"找"不到钱，就给高利贷提供了空间。

另外，一些农村企业缺乏诚信意识，金融机构怕借钱给它们变成坏账，因此不敢轻易放贷。这些农村企业在缺钱的时候，就有可能通过借高利贷来解燃眉之急。

②商业银行将业务往城市集中，农村只有信用社等金融机构提供贷款服务。为避免坏账，它们往往"过度谨慎"，服务态度不好，脸难看，门难进，令一般农村企业和农户望而却步。

目前农村企业发展很快，但往往积累不足，向正规金融机构贷款"条条框框"又多，很多农村企业无法成为金融机构的"上帝"。

比起银行贷款来，高利贷条件灵活、手续简便快捷，很多还可以无抵押，高利贷活跃也就不足为奇了。

2. 高利贷的危害

(1) 危害人民生活的安定，社会不稳定因素增多

俗语说："高利贷，阎王债，陷进去，出不来。"《白毛女》就形象地展示了高利贷吃人的本性。

发放高利贷的人群有些是具有黑社会性质的组织，在催讨债务过程中，手段恶劣，造成人心恐慌，危害社会稳定。而且，借款人借了高利贷，很多无法按期还清借款，又害怕被追债，索性破罐子破摔，走上犯罪的道路，增加了社会不稳定因素。

根据调查，近几年，农村资本市场暗流涌动，资本极度稀缺，高利贷正与商业资本、乡村黑恶势力结合起来，形成农村的黑三角，层层加码盘剥农民。例如，一些地方农产品供销商，在农民春耕资金紧缺时，往往赊卖农药、化肥、种子。一袋尿素，市价是80元，赊买时最高达200元。

当农民不能按期还款时，他们则采取各种不法手段胁迫农民。有些高利贷头子本身就是地方黑恶势力头子，他们则直接把高利贷与财

权抵押相结合,农民一旦不能还款,他们就把农民的财产、物件、器具等强行拿走,这种附加苛刻条件的高利贷,使一些农户深受其害。由于这些人为恶乡里,村民往往敢怒不敢言。这已成为乡村黑恶势力聚敛财富的重要手段。

从已有案件来看,大多数高利贷背后都有地方黑恶势力为其撑腰。某些高利贷与黑恶势力沆瀣一气,诱骗农民参与其不法活动,如赌博等,然后骗农民贷款,农民上钩后就会倾家荡产。例如,在甘肃林县仁村,2000—2003 年,因为参加赌博,大借高利贷,已有 11 户农民债台高筑,其中 4 人因不堪重负而自杀。尽管高利贷问题现在仅在部分乡村存在,但其社会危害是极其严重的。

(2)企业高利借贷害人害己,易引发集体上访事件

民间借贷是中小企业融资形式的一个有益补充,但高利贷严重加重了企业负担,一旦经营不善,便会拖欠借款人本息,导致大量借款人催款闹事。倘若企业倒闭,借款人高额回报的美梦破碎,极易引发借款人集体上访事件,严重影响社会和谐。

(3)破坏国家金融政策,扰乱社会经济秩序

国家规定必须具备法定的资质才能从事借贷等金融业务活动,而高利贷违反了国家的金融监管制度,扰乱了国家金融市场的准入、竞争、交易等秩序。

同时,利率反映的是资金的供求关系,高利贷在很大程度上影响资金供求关系,从而影响国家宏观调控。

总之,高利贷既影响社会安定,又影响家庭幸福,由此给社会和家庭带来诸多恶果。

3. 高利贷分析

(1)容易借高利贷的人

在农村地区,借高利贷者往往有以下几种情况:

①灾难发生,无法度日。

②大病。医疗费用高,就有可能向高利贷伸手。

③婚丧嫁娶。农村往往讲究体面,没钱也要撑面子。

④孩子上学，学费无着落，甚至有为孩子出国借高利贷的。

⑤偿还旧债。有债务在身的农户没钱还债，有时只能求助于高利贷。

⑥农业投入或日常家用。农户少不了农具、牲畜、化肥等农业投入，贷款有时有困难，只好借高利贷。

⑦农村小企业大量涌现，小企业"融资难"在农村更为突出，很多企业的流动资金要靠高利贷弥补。

（2）放高利贷的人

除具有黑社会组织性质的放贷者外，放高利贷的主要有三个群体：

①部分富裕家庭。

②小部分当官的，特别是有一定灰色收入者。

③专门从事投资和融资的民间机构。这样的机构在浙江等省份较多。

（3）高利贷的手法

高利贷的手法花样繁多，虽说有一定的历史延续性，但发展到今天有很大的不同。现代社会的高利贷陷阱可分为两方面的，即"明面"与"暗面"。

"明面"上的高利贷一般较易辨别，也较为普遍。这种高利贷、高利息信息"透明"，不采用"欺骗、陷阱"的方式来榨取借款人的私人财产。"地下钱庄"以及一些冠之以"投资公司、担保公司、财务公司"等民间借贷机构放出的高利贷大多属此种。

"暗面"上的高利贷就不那么让人清楚了。在借贷关系上很模糊，让人不易辨别，到最后只有"大呼上当"。

举例来说，你急需要钱，向放贷者借钱，他以降低风险为由，让你把你的身份证、户口本都押下，并且把你的房子什么的作为抵押，将房本押下。之后，他借各种名目和说辞让你签下一份委托对方帮你卖房的公证书，或者是一份空白的房屋买卖合同，以及你收取了人家多少钱的"收条"（注意，是收条而不是欠条）。到还钱的时候，如果你还不了，人家就把你房给卖了。即使你能还钱，他照样可以拿着上述证件说你把房子卖给了他，而且你收了钱，给了人家房产证，委托人家办理房屋过户，可你违约不卖了。你要房本，那好吧，得给人家违约金。

这种高额的违约金变相成为高额的利息，你就掉进了高利贷的陷阱。

"高利贷公司"往往偷换概念，掩盖事实，你往里跳了，它们反而理直气壮，你只能被牵着鼻子走了。

🌾 小资料

旧社会的高利贷陷阱

这里介绍几种常见的旧社会的高利贷手法：

驴打滚：多放贷给农民。借贷期限一般为 1 个月，月息一般为 3～5 分，到期不还，利息翻番，并将利息计入下月本金。本金逐月增加，利息成倍增长，像驴打滚一样。

羊羔息：借一还二。年初借 1 000 元，年末就得还 2 000 元。

坐地抽一：借款期限 1 个月，利息 1 分，但借时须将本金扣除 1/10，到期还得按原本金计息。例如，借 1 000 元，拿到手只有 900 元，到期还得按 1 000 元还本付息。

🌾 温馨提示

千万要警惕"当天放款"！

一些小广告上以及网上打着"当天放款"旗号的，大多是行"高利贷"之实的公司，对于这样的民间借贷机构千万别冒进。拿到钱的那一刻，你很可能就掉进了巨大的高利贷陷阱。

4. 如何远离高利贷

企业和农户在生产和生活过程中出现临时的资金需求时，可通过正规的融资渠道进行融资，切不可以通过非法集资和借高利贷的方法来解决。说到底，就是"找钱"时，得找正规金融机构。

目前，通过金融机构解决融资问题的途径是多种多样的。

（1）农户

一是通过抵押、质押获得贷款，比如用未到期的存单到金融机构进行质押获得贷款。

二是通过信用担保获得贷款。对于急需用钱且数额小、时间短的农户而言，可通过有固定工资收入的人员（如公务员）为其进行保证从而获得贷款，如邮政储蓄银行、信用社等金融机构开办有"农户联保贷款"和"商户联保贷款"、"党员创业授信卡"等业务。

总之，目前各金融机构针对个人小额贷款的金融产品越来越多，农户要多咨询、多了解，切不可盲目举借高利贷。

（2）农村企业

一是通过抵押方式获得贷款。企业可以通过有效资产到金融机构进行抵押获得贷款，如土地、厂房、机械设备等均可进行抵押。

二是企业间相互担保获得贷款。借款企业只要找到愿意为其进行担保并符合担保资格的企业为其进行贷款担保就可获得贷款。

三是通过担保公司为其担保获得贷款。政府部门也在积极解决中小企业融资难的问题，如设立的专门担保机构，部分因无土地使用证、房产证等有效抵押资产的企业可通过担保公司为其担保从而获得贷款。

各金融机构也正积极探索权利质押、设备质押、流动资产质押、出口退税托管账户、保付代理、联保贷款等新方式，切实解决中小企业贷款难的问题。

信用是企业的名片。广大农村企业家一定要增强诚信意识，与金融部门建立真实可靠长期的信用关系，在需要钱的时候，金融机构就会千方百计伸出援助之手。

5. 高利贷纠纷的解决

（1）对高利贷行为进行认真分析，看是否涉及非法吸收公众存款、高利转贷、集资诈骗等违法犯罪行为，如有嫌疑，可到当地公安机关报案或反映情况。

（2）对无违法犯罪行为的，双方可以通过协商的方法，也可以通过诉讼途径解决。放贷者不可采取过激行动，以免酿成赔了损失又坐牢的恶果；借钱人也不能再以借高利贷的方法"拆东墙补西墙"，窟窿会越补越大，尽可能申请法律保护，如果对方有违法暴力行为，则要及时报警，不能听之任之。

第二篇

农户贷款种类（1）

第三章　农户小额信用贷款

农家金融

江苏农村信用环境建设步入快车道

从 2002 年开始，江苏省深入持久地开展农村信用村镇创建工作，全省农信社积极配合，农村社会和金融生态环境建设取得了可喜成绩，经济金融也呈现出良性互动态势。截至目前，江苏全省已创建信用村 6 358 个、信用镇 354 个，信用村、镇的比例均超过总数的 1/3。

这标志着江苏农村信用环境建设步入快车道。目前，"守信光荣，失信可耻"的观念在广大农村逐步深入人心，"人人讲信用、村村重信誉"的优良社会信用环境逐渐形成，"信用户"、"信用村"、"信用乡镇"已成为江苏农村一道亮丽的风景线。

一、政府"维信"建立工作机制

江苏省政府首先成立了金融稳定协调小组办公室，加强各级政府与人民银行、各金融机构及监管部门的协作，建立相关的工作制度和机制；市、县各级政府尤其是镇、村两级政府机构高度重视，积极落实。各创建镇成立了由镇分管领导为组长，经管站、工商、税务、司法、派出所、文化站、农信社等有关部门为成员的创建工作领导小组，负责全镇信用村、信用户评定的组织领导工作；各村成立由村支书等干部及有一定政治素质、有威望的农户代表组成的信用评定小组，负责信用户的初评工作，形成"政银联动，上下协作"的创建组织体系。

二、农信社"培信"优化金融生态

江苏省信用村镇创建工作的日常办事机构就设在基层农信社。江苏农信社作为与"三农"联系最密切的金融机构，始终视支持"三农"经济为己任，以优质高效的金融服务赢得了各级政府的支持和农民的信赖。全省各地农信社积极响应号召，及时制定切实可行的实施办法，通过媒体宣传营造氛围、召开多层次会议广泛动员、走村串户释疑解惑等有效措施，实实在在地推进信用村镇创建工作。

三、农户"守信"踏上致富坦途

四年多的农村信用村镇创建，使诚信意识、信用观念深入到了信用村镇老百姓的心坎。乡村风气正了，集体观念强了，干部威信高了。盱眙县马坝镇黄杨村农民颜加平去年开春时到农信社贷款2 000元去浙江打工，到了秋天，因工作忙，他汇款给村支书王祖香，请其帮办还贷手续。他在信中说"我们是信用村的人，一定要讲信用"。该村去年年初有23户农民借贷外出打工，虽全部在外未回，但他们都及时汇款，委托父母或亲友按时把贷款还上，无一户逾期。

创建信用村镇，有效缓解了农民贷款难，加快实现了农民增收致富的愿望。不少农户由于自身基础条件相对较弱，自我积累较少，无力发展农副业致富项目。通过创建信用村镇，农户比较容易获得急需的资金扶持，新上短平快致富项目后，增加了收入，摆脱了贫困，走上了小康之路。目前，丰县参创信用村的人均收入达到4 436元，每年以15%的速度递增。成为"农村信用体系"建设第一村的泗阳县爱园镇唐圩村，目前信用户达359户，占贷款农户的92%，贷款回收率100%，没有一笔逾期。

农户小额信用贷款是指为了提高农村金融机构信贷服务水平，加大支农信贷投入，简化信用贷款手续，更好地发挥农村信用社在支持农民、农业和农村经济发展中的作用而开办的，基于农户的信誉，在核定的额度和期限内向农户发放的不需要抵押、担保的贷款。它适用于主要从事农村土地耕作或者其他与农村经济发展有关的生产经营活动的农民、个体经营户等。

从 2002 年开始，我国农村信用社全面实施中国人民银行发布的《农村信用合作社农户小额信用贷款管理指导意见》，增加对农户和农业生产的信贷投入，以此支持和推进我国农业及农村经济的全面发展。与其他农村贷款不同的是，农户小额信用贷款是农村信用社基于农户的信誉情况，在核定的额度和期限内向其发放的不需抵押、担保的贷款。此举无疑简化了贷款手续，方便了农户。而且，实践中反馈的信息也令人乐观，只要贷款真正发放到了农户手中，归还情况远远好于城市各种商业贷款。

农户可向农村信用社、中国农业银行、中国邮政储蓄银行、村镇银行申请农户小额贷款。

需广大农户注意的是，本书介绍各金融机构普遍相同的内容，具体细节，各银行或信用社会有所不同，办理时可以向当地银行或信用社咨询。

一、贷款介绍

1. 概况

具体来说，农户小额贷款是指按照普惠制、广覆盖、商业化的要求，对农户户主或户主书面指定的本家庭其他成员发放的贷款。每户农户只能由一名家庭成员申请农户小额贷款。农户是指长期（一年以上）居住在乡镇（不包括城关镇）行政管理区域内的住户，和长期居住在城关镇所辖行政村范围内的住户，户口不在本地而在本地居住一年以上的住户，国有农（林）场的职工和农村个体工商户。位于乡镇（不包括城关镇）行政管理区域内和在城关镇所辖行政村范围内的国有经济的机关、团体、学校、企事业单位的集体户，有本地户口但举家外出谋生一年以上的住户，无论是否保留承包耕地均不属于农户。

2. 申请条件

申请贷款的具体条件：一是居住在信用社的营业区域之内；二是具有完全民事行为能力，资信良好；三是从事土地耕作或者其他符合国家产业政策的生产经营活动，并有合法、可靠的经济来源；四是具备清偿贷款本息的能力。

3. 贷款用途

农户小额信用贷款用途主要应为：

（1）种植业、养殖业方面的农业生产费用；

（2）购买小型农机具；

（3）围绕农业生产的产前、产中、产后服务等；

（4）购置生活用品、建房、治病、子女上学等消费。

4. 期限与额度

农户小额信用贷款期限，根据生产经营活动的实际周期确定，小额生产费用贷款一般不超过一年。贷款利率按照中国人民银行公布的贷款基准利率和浮动幅度适当优惠，结息方式与其他贷款相同。

农户小额信用贷款的具体发放额度，由信用社县（市）联社根据当地农村经济状况、农户生产经营收入、信用社资金状况等具体确定，报中国人民银行县（市）支行核准。信用社根据农户的信用评定等级，核定相应等级的信用贷款限额，以农户为单位发放贷款证（卡），一户一证。持有贷款证（卡）的农户可以凭贷款证（卡）及有效身份证件，到信用社营业网点直接办理限额内的贷款，也可以通知信用社信贷人员到家中为其发放贷款。

农户小额信用贷款采取"一次核定、随用随贷、余额控制、周转使用"的管理办法。当然，贷款额度直接对应于农户信用等级的变动。对农户信誉程度发生变化的，其信用评定等级及相应的贷款限额也及时变更。此外，对随意变更贷款用途、出租、出借或转让贷款证（卡）的农户，将及时收回贷款证（卡），并取消其小额信用贷款资格。

5. 基本原则

农户小额信用贷款的基本原则是：

（1）偿还性

农户小额信用贷款的本质特征是贷款，偿还性是信贷资金的第一原则。它既不同于一般商业金融的贷款，也异于国外的一些机构捐助性资金的运作，更不同于财政资金的扶贫补贴。因此，农户小额信用贷款的高收贷率是维持其贷款活动持续不断进行的最根本前提。

（2）信用性

农户小额信用贷款服务的基本对象是，因贫困而缺少抵押物和担保人但诚信度较高的农户群体，如果沿袭商业金融的保证制度或采取变相的抵押担保方式作为贷款风险的控制手段，就不能体现农户小额信用贷款的基本特征，其服务性也就失去意义。

（3）投向性

农户小额信用贷款主要用于低收入农户种植业和养殖业的简单再生产和小规模扩大再生产的资金供给，以及他们小额的生活消费资金。因此，一般的农业生产企业、加工运输企业、工商贸易企业、乡镇企业和农业基础设施建设不是农户小额信用贷款的供给对象，农村信用社也不应凑零为整对一些已形成规模化和专业化农业生产经营企业发放农户小额信用贷款。

（4）方便性

商业银行发放贷款从申贷到放贷有一套较严格的程序和手续，农户小额信用贷款要做到手续简便，就要真正落实小额贷款证的总额控制、授期有效、随时存取、柜台办理的信贷承诺。

（5）自主性

农村信用社不仅是小额信用贷款的经营主体，更是小额贷款风险唯一承担者，按照决策和风险责任统一的原则，贷款授权的期限、利率、额度应由农村信用社作出最终的决策，其他行政主体不能干预，也不能在相关政策和制度上设置间接障碍。

（6）"三公"性

为防范小额信用贷款的风险和防止发放主体"内部人"控制，在对农户信用等级和贷款风险评估时要做到"公开、公平、公正"。目前由村党政组织、农户代表、信用社员工组成的评估小组既符合农村实际也有利于"三公"，把评级"原则、标准、程序、条件"公开，有利于评估监督，有利于把非市场价格的资金合理均衡地配置到农村的低收入群体。

（7）量力性

中国各农村信用社的运作环境差异性大，资金供应关系很不均衡，有的地区农村信用社对负债依存度很高，但负债源又不足，资金供求矛盾突出。因此要按照各信用社负债能力和自身的资产规模量力而行，关键是要搞好集约经营，提高小额信用贷款的营销质量。

知识窗

小额信贷办法细则

中国人民银行各分行、营业管理部、省会（首府）城市中心支行：

为了进一步贯彻落实全国农村信用社工作会议精神，改进和加强农村信用社支农服务，充分发挥农村信用社在支持农民、农业和农村经济发展中的作用，总行制定了《农村信用社农户小额信用贷款管理暂行办法》。现印发给你们，请转发至所辖地区执行。

各分支行要结合本地区实际情况提出具体落实意见，并切实加强监管。农村信用社县联社要制定具体落实办法，以方便社员、方便农民，解决农户贷款难的问题。农村信用社要抓紧组织实施。

各分支行要注意收集有关情况，将执行中遇到的问题及时上报总行。

第一章　总则

第一条　为提高农村信用合作社（以下简称信用社）的信贷服务水平，增加对农户和农业生产的信贷投入，简化贷款手续，更好地发挥信用社支农作用，根据《贷款通则》等有关法规和规定，特制定本办法。

第二条　农户小额信用贷款是信用社以农户的信誉为保证，在核定的额度和期限内发放的小额信用贷款。

第三条 农户小额信用贷款采取"一次核定、随用随贷、余额控制、周转使用"的管理办法。

第四条 农户小额信用贷款使用农户贷款证。贷款证以农户为单位，一户一证，不得出租、出借或转让。

第二章 借款人及借款用途

第五条 信用社小额信用贷款借款人条件：

（一）社区内的农户或个体经营户，具有完全民事行为能力；

（二）信用观念强、资信状况良好；

（三）从事土地耕作或其他符合国家产业政策的生产经营活动，并有可靠收入；

（四）家庭成员中必须有具有劳动生产或经营管理能力的劳动力。

第六条 农户小额信用贷款用途及安排次序：

（一）种植业、养殖业等农业生产费用贷款；

（二）为农业生产服务的个体私营经济贷款；

（三）农机具贷款；

（四）小型农田水利基本建设贷款。

第三章 资信评定及信用额度

第七条 信用社成立农户资信评定小组。小组由信用社理事长、主任、信贷人员、部分监事会成员和具有一定威信的社员代表组成。

第八条 农户资信评定、贷款额度确定步骤：

（一）农户向信用社提出贷款申请；

（二）信贷人员调查农户生产资金需求和家庭经济收入情况，掌握借款人的信用条件，并提出初步意见；

（三）由资信评定小组根据信贷人员及所在地社员代表或村民委员会提供的情况，确定贷款额度，核发贷款证。

第九条 农户资信评定分优秀、较好、一般等信用等级。

"优秀"等级的标准是：①三年内在信用社贷款并按时偿还本息，无不良记录；②家庭年人均纯收入在2 000元以上；③自有资金占生产所需资金的 50% 以上。

"较好"等级的标准是：①有稳定可靠的收入来源，基本不欠贷款；②家庭年人均纯收入在 1 000 元以上。

"一般"等级的标准是：①家庭有基本劳动力；②家庭年人均纯收入在 500 元以上。

各地可根据实际情况确定具体评定标准、评定方法。农户小额信用贷款额度依据农户信用等级核定，最高额度由人民银行各中心支行和信用社县（市）联社商定。

第四章　贷款的发放与管理

第十条　对已核定贷款额度的农户，在期限和额度内农户凭贷款证、户口簿或身份证到信用社办理贷款，或由信用社信贷人员根据农户要求到农户家中直接发放，逐笔填写借据。

第十一条　信用社要以户为单位设立登记台账，并根据变更情况更换台账。贷款证的记录必须与信用社的台账保持一致。不一致时，以借据为准。

第十二条　对随意改变贷款用途、出租、出借和转让贷款证的农户，应立即取消其小额信用贷款资格。

第十三条　贷款发放后，信贷员要经常深入农户，了解和掌握农户的生产经营情况和贷款使用情况，加强贷后管理。信贷员要对提供给资信评定小组的考察材料真实性负责。

第五章　贷款期限与利率

第十四条　农户小额信用贷款期限根据生产经营活动的周期确定，原则上不超过一年。因特大自然灾害而造成绝收的，可延期归还。

第十五条　农户小额信用贷款按人民银行公布的贷款基准利率和浮动幅度适当优惠。

第十六条　农户小额信用贷款的结息方式与一般贷款相同。

第六章　附则

第十七条　本办法中未尽事宜按《中华人民共和国商业银行法》

和《贷款通则》的有关规定执行。

第十八条 本办法由中国人民银行负责解释。各地可结合本地实际，根据本办法制定实施细则，并报上级行备案。

第十九条 本办法自颁布之日起施行。

二、特点

1. 贷款金额少

小额信贷是一个相对的概念。我国幅员辽阔，各地自然资源状况不同，农村经济发展水平差异较大。这要求确定小额贷款的具体额度需要结合实际，因地制宜，因人而异，适时调整。银监会要求各中小农村金融机构根据自身风险管控能力、当地农村经济发展情况以及借款人生产经营状况、偿债能力、收入水平和信用状况，自主确定农村小额贷款额度。例如，中国邮政储蓄银行小额信贷业务对于贷款金额的规定，农户小额贷款最高额度为 5 万元，商户小额贷款最高金额为 10 万元。单笔贷款最低限额为 1 000 元，最小变动单位为 100 元。

2. 贷款期限灵活

小额信贷的期限制定是根据当地农业生产的季节特点、贷款项目生产周期和综合还款能力等灵活确定的。目前，一般贷款期限较短，主要为 1 年、3～6 个月等。今后特殊生产项目或特殊情况可以进一步延长小额信贷的期限。

《中国银监会关于银行业金融机构大力发展农村小额贷款业务的指导意见（2007）》指出，允许传统农业生产的小额贷款跨年度使用，要充分考虑借款人的实际需要和灾害等带来的客观影响，个别贷款期限可视情况延长。对用于温室种养、林果种植、茶园改造、特种水产（畜）养殖等生产经营周期较长或灾害修复期较长的贷款，期限可延长至 3 年。消费贷款的期限可根据消费种类、借款人综合还款能力、贷款风险等因素由借贷双方协商确定。对确因自然灾害和疫病等不可抗力导致贷款到期无法偿还的，在风险可控的前提下可予以合理展期。

3. 允许整贷零还

农村小额贷款允许采用分期还款模式，在还款方式上经历了按周还款到按月、按季还款的转变。

例如，有的地方规定了小额信贷还款办法有 5 种形式，分别是：①周还制。每周还一次，每次还本 2%，50 次还完，首次还款从第 3 周开始。②循环制。每次还 3%，最后一次还 4%，33 次还完，首次还款从第 4 周开始。③双周制。每 2 周还一次，每次还 4%，25 次还完，首次还款从第 4 周开始。④半月制。每半月还一次，每次还 5%，20 次还完，首次还款从第 3 个半月开始。⑤月还制。每月还一次，每次还 10%，10 次还完，首次还款从第 3 个下半月开始。

4. 多样的担保形式及不需担保

针对农村贫困户缺少可以抵押的资产，农村小额信贷可以不担保，或申请灵活的形式进行办理。不需要担保的贷款方式主要是农户小额信贷；需要担保的贷款方式有农户联保贷款、农户保证贷款、农民专业合作社贷款等。

三、贷款申请

1. 贷款人条件

一般来说，申请农户小额贷款的借款人必须同时具备以下条件：

（1）具有中华人民共和国国籍，年龄在 18 周岁以上（含 18 周岁）60 周岁以下，在农村区域有固定住所，身体健康，具有完全民事行为能力和劳动能力，持有有效身份证件。

（2）是农村家庭的户主或户主书面指定的本家庭其他成员，且已经申请获得金穗惠农卡。

（3）应具有稳定的经营收入及按期偿还贷款本息的能力。

（4）所从事的生产经营活动符合国家法律法规及产业政策。

（5）信用评级为一般级及以上。

（6）品行良好，没有连续逾期 90 天以上或累计逾期 6 期以上的信用记录，申请贷款时无逾期未还贷款。

（7）贷款人规定的其他条件。

国家严禁对以下客户办理农户小额贷款业务：

（1）存在恶意逃废银行债务及其他债务的。

（2）有严重违法违纪或其他不良记录的。

（3）有赌博、吸毒等不良嗜好的。

（4）从事国家明令禁止的业务的。

实践中，个别地方的个别金融机构为了获取额外的收益，在农户申请小额贷款时违规附加保险或额外收费等，这是农户需要注意防范的，可以据理力争，甚至可以向当地银监局投诉举报。有关对农户小额贷款违规增加额外条件的情况可参见下面的新闻报道。

🌾 **温馨提示**

个别地方违规对农户小额贷款增加额外条件

农户要在福州市罗源县农行办理小额贷款可不是件容易的事，以贷 3 万元的农户小额贷款为例，农户除了支付年息超过 7% 的银行利息外，还要交 1 800 元的"理财服务费"，办理意外伤害保险，另外还需购买农行的个人短信通、个人网上银行等其他金融产品。目前，有 1 000 多农户在该行办理了农户小额贷款，他们为了贷到款都不得不咬牙接受这些额外的条件。

罗源县松山镇一名农户靠养殖对虾为生，2011 年 3 月份打算贷款 3 万元扩大生产，后来在一个朋友的引荐下，申请了农户小额贷款。

"将近办了两个星期，在最后一天签借贷合同时，银行说要交 1 800元，等了一个小时才拿到发票，看到居然是理财服务费。"这名农户说。

据中国农业银行的官方网站介绍，理财业务指农业银行为客户提供财务分析、财务规划、投资顾问、资产管理等专业化服务和专业化产品的活动。"太奇怪了，农户小额贷款跟理财服务有什么关系呢？根本连一点边都沾不上。"这位农户说。

记者在罗源县农行出台的《关于进一步规范农户小额贷款通知的规定》中找到了"理财服务费"的出处。根据该规定："农户小额贷款每年1万元另收200元的中间业务收入，如借款金额3万元，期限3年，收1 800元。""理财服务费"即属于规定中的中间业务收入。

不仅如此，规定还要求，申请办理农户小额贷款的客户，需办理意外伤害保险。同时，相应惠农卡需绑定个人短信通、贷记卡、个人网上银行、手机银行、个人电话银行中的4个产品。

据罗源县农行介绍，罗源县一共办理了1.7万张惠农卡，自2008年底实施农户小额贷款至今，已有1 000多户农户办理了这一贷款。

一系列额外的费用大大增加了农户们的负担。他们算了一笔账，2010年农户小额贷款是5分多的利息，今年已经涨到7分多，再加上1 800元，折合到利息里面，相当于9分的利息。

"农户小额贷款是国家的惠农贷款，但现在七加八加，和商业贷款的利息差不多了。"有农户抱怨说。

"农行是遵循商业运作原则，根据市场情况制定的收费政策。"中国农业银行罗源县支行行长冯国玉说，"农户小额贷款和商业贷款的区别在于条件放得比较宽，利率上浮没有什么差别，都是在中国人民银行允许的范围内，根据市场需要来调节。"冯国玉称，"银行是做生意的，亏了要自己赔，风险要自己担，农户不属于银行的优质客户，所以收费比较高。"

为何以"理财服务费"的名义额外收取？冯国玉坦言，中间业务收入指标是考核银行的硬指标，这样做是为了提高中间业务收入的比例。

福州大学社会学系主任甘满堂教授认为，罗源县农行在办理农户小额贷款过程中收取"理财服务费"，以此提高中间业务收入比例，个别分支行这种弄虚作假的行为影响了中国农业银行的声誉和公信力。甘满堂表示，农户"贷款难"是一个普遍难题，农行作为国有大型企业，肩负"扶助三农"的重任，理应更多承担惠农的社会责任，在贷款上对农户实行低息甚至无息贷款，真正发挥金融助农的作用。

资料来源　沈汝发、涂洪长：《走样的农户小额贷款、贷款需要接受额外条件》，中国新闻网，http://www.chinanews.com/fortune/2011/05-17/3044868.shtml。

2. 申请办法

（1）农户向银行提出评定申请

银行或信用社主要根据农户基本情况、资产负债状况、生产经营状况、信誉程度等指标对农户的信用等级进行测评。农户信用等级一般分为优秀、较好、一般三个档次。

（2）接受信用调查

客户经理（信贷员）对申请评定信用等级的农户进行详细调查，内容包括：

①查验申请人有效身份证件，审查申请人是否系本辖区农户，是否具有完全民事行为能力；

②申请人或家庭成员是否具备劳动生产或经营管理能力；

③核实财产、综合收入情况；

④借款需求是否合理；

⑤申请人在农村信用社和其他金融机构有无不良信用记录；

⑥向村两委及村民代表咨询该户的资信情况；

⑦其他有关情况。

客户经理（信贷员）要依靠村两委、村民代表，采取评议方式认真评定农户信用等级，并依据调查内容填写《农户经济档案》，提出信用状况评定初审意见。

（3）申请时需提供的资料

信用贷款需要提供的资料包括：借款人身份证、户口本、结婚证原件及复印件，以及村委会推荐书。

此外，保证贷款还需提供：保证人身份证、户口本、结婚证原件及复印件、保证人同意承担连带责任承诺书。抵押贷款还需提供：抵押人身份证、户口本、房产证原件及复印件、抵押人同意抵押声明。

3. 贷款发放

（1）已被评为信用户的农户持本人身份证和《农户贷款证》到信用社办理贷款，填写《农户借款申请书》。

（2）银行信贷内勤人员认真审核《农户借款申请书》、《农户贷款证》及身份证等有效证件，与《农户经济档案》进行核实。

（3）银行信贷内勤人员核实无误后，办理借款手续，与借款人签订《农村信用社农户信用借款合同》，交给信用社会计主管审核无误后，发放贷款。

（4）银行信贷内勤人员同时登记《农户贷款证》和《农户经济档案》。

（5）借款人在《农户借款申请书》、《农村信用社农户信用借款合同》、《借款借据》上签字并加按手印。

4. 贷款归还

借款人要提前准备偿还贷款的本金和利息。通常，金融机构信贷员在借款人的贷款到期前一个月，便会上门或书面通知归还贷款本息，借款人则应在贷款催收通知书上签字。如借款人不能按期归还，应在到期前一个月内，提出书面展期申请，经同意后，办理展期，但可能产生贷款成本变化。借款人确定不能按期归还贷款本息的，应向贷款方说明原因，并作出归还计划，以取得贷款方批准，否则，贷款人享有随时依法主张债权追索或依法清偿的权利。

5. 注意事项

（1）不得违规

根据国家监管规定，禁止银行信贷资金用于买卖股票、债券等资本市场投资，禁止利用银行信贷资金进行权益性投资、非法发放高利贷等行为。借款人应按照约定用途使用贷款资金，如有必要，银行有权要求客户补充相关贷款资金用途的材料；如未按照约定用途使用贷款资金，将视为违约行为，银行有权提前收回该笔贷款。

（2）重视信用记录

借款人的信用是宝贵的财富，根据中国人民银行颁布的《个人信用信息基础数据库管理暂行办法》。借款人在银行的信贷还款信息将保存为其在征信系统的信用记录。借款人应注意按照约定日期、金额、方式及时间偿还贷款，这将为自己积累更加有价值的信用记录。

（3）不能重复贷款

如您在同一银行已经有尚未还清的信用贷款，将不能同时享受此信用额度。

（4）强制扣款

借款人以工资账户为还款账户，如借款人代发工资账户上还贷资金不足，银行有权从其在本银行的其他结算账户扣除相应的资金用于偿还贷款。

（5）单位变动

借款人如发生单位变动情况，银行有权要求其追加贷款担保条件或提前偿还贷款。

（6）个人情况变动

如借款人发生职位级别变动、工资账户变更等情况，银行有权变更借款人额度、要求其追加贷款担保条件或提前偿还贷款。

四、贷款申请表

中国农业银行的农户小额信用贷款审批表样表见表3—1，其他银行及信用社与其相似，在此不一一列举。

表3—1　　　**中国农业银行农户小额信用贷款申请审批表**　　　单位：个；元

（以下内容由申请人填写）

申请人	姓名		性别		民族		出生年月	年　月　日	
	身份证号码						联系电话		
	人身保险	已办理（　）未办理（　）			家庭财产保险		已办理（　）未办理（　）		
	户口所在地						户口性质	农业（　）	非农业（　）
	现住址						职业		
	工作单位名称						职务		
	工作单位地址						邮编		
	受教育程度	大学本科及以上（　）大专（　）中专（　）高中（　）初中及其他（　）							
	收入是否稳定	是（　）否（　）		年劳动收入		年家庭支出		家庭负债额	
	婚姻状况			家庭总收入		家庭人数		劳动力人数	
	配偶姓名		收入是否稳定	是（　）否（　）		年劳动收入		工作单位	
	共同申请人姓名		收入是否稳定	是（　）否（　）		年劳动收入		工作单位	
	目前经营项目		拟发展项目			需投资额		自有资金额	
	原借款余额		借款形态	正常（　）非正常（　）		结欠利息额		拟还款来源	
	申请贷款金额		期限		贷款用途			拟还款来源	
声明	本人自愿向信用社提出借款申请，并保证向信用社提供的所有资料都是真实可靠的，并愿意承担由此带来的一切法律、经济责任。 　　　　　　　　　　　　申请人签字：								

续表

	（以下内容由村级农户小额信用贷款评审小组填写）
评审小组负责人	经村级农户小额信用贷款评审小组调查，该户填报的所有资料都是真实可靠的，根据我们初审，认为该农户 1. 具备农户小额信用贷款的条件，并建议其信用等级为： 优秀（　）良好（　）一般（　） 2. 不具备农户小额信用贷款的条件，其原因为： 村评审小组负责人签字：
	（以下内容由信用社信贷人员填写）
信贷员	经实地调查分析，我们认为该农户： 1. 具备农户小额信用贷款的条件，并建议其信用等级为： 优秀（　）良好（　）一般（　） 2. 不具备农户小额信用贷款的条件，其原因为： 信贷调查负责人签字：
	（以下内容由乡镇农户小额信用贷款联合评审小组填写）
乡镇评审小组	经乡镇农户小额信用贷款联合评审小组审查，确定该农户： 1. 具备农户小额信用贷款的条件，其信用等级为： 优秀（　）良好（　）一般（　）；贷款限额为（　）万元。 2. 不具备农户小额信用贷款的条件，其原因为： 乡镇联合评审小组集体签字（或盖乡镇联合评审小组印章）：

第四章　农户联保贷款

农家金融

"农户联保"撬动农民贷款难"顽石"

贷款难，农户贷款更难！这是所有与金融部门打交道农民的共同感受。因为底子薄，又没有可抵押的财产，到银行贷款总是碰一鼻子灰，是现在农户贷款难的真实写照。农户贷款难，导致缺乏资金，让农民这个"弱势群体"在农村创业更加举步维艰。

家在湖州某县的沈老伯就曾经为贷款犯难。沈老伯一家除了地里种点庄稼外，主要靠家里的一个庭院式养鸡场来维持生计。2010年见乌骨鸡市场势头良好，沈老伯准备扩大养殖规模，以迎合市场需求。但他此时犯难了，老伴刚刚生了一场大病，住院、手术花去一大笔，家里的积蓄已经不多了。为解决资金问题，沈老伯向周围的亲戚好友借钱，无奈，大家手头都不宽裕，凑到的资金远远不够。沈老伯想到了银行贷款，但不知道每家银行有哪些贷款业务，更不知道自己的经济条件又适合哪种贷款，初次接触银行贷款的他根本无从下手。

直到听说有个叫"数银在线"的网络贷款服务平台，沈老伯感到事情有了转机。据隔壁村村民介绍，"数银在线"能根据客户的经济情况和需求，为客户在令人眼花缭乱的贷款产品中寻找出合适的贷款产品，并且能够高效率地为客户办理相关手续，整个过程中客户几乎不用跑银行。沈老伯拨通了"数银在线"的热线电话4007116677。"数银在线"的工作人员在了解完沈老伯的具体情况后，向他推荐了一款关于农户联保贷款的贷款产品。沈老伯需要找到5个以上同样需要贷款的农户，组成了一个联保小组，就能顺利贷到需要的款项了。真是"踏破铁鞋无觅处，得来全不费工夫"，这下连村里其他缺乏资金的农户的问题也解决了。很快，沈老伯便召集了7个需要贷款的农户，在"数银在线"的帮助下，与银行签约，得到了贷款。

现在农户们的贷款资金问题解决了，村里的经济展现出了蓬勃的活力，各类专业户开始发展起来。沈老伯家从原来的家庭养鸡场扩大规模成了专业化养殖场；邻居陈老伯发展了绿色蔬菜示范基地；村里昔日销售不畅的柿子、山楂等农产品经过加工后，身价倍增，走进超市；有的农户还依靠着村里优越的自然资源，办起了农家乐……

沈老伯后来告诉我们：在农村想创业太难了，首先启动资金就无法解决。如果向私人借高利贷，利息高，又不合法；向亲戚好友借，就要欠人情，一次两次倒好说，借多了就成了一辈子的人情债；向银行贷款，农村地基、房屋都不能抵押；找担保机构，也没有合适的担保资产……多亏"数银在线"推荐了农户联保贷款，又帮忙办理了相关手续，才解决了村里农民的贷款难题。

资料来源 林娜：《"农户联保"撬动农民贷款难"顽石"》，凤凰网，2011 -08-17。

一、贷款介绍

1. 概况

农户联保贷款是指社区居民依照本指引组成联保小组，贷款人对联保小组成员发放的，并由联保小组成员相互承担连带保证责任的贷款。农户联保贷款实行个人申请、多户联保、周转使用、责任连带、分期还款的管理办法。它是为解决农户贷款难、担保难而设立的一种贷款品种，由农户在自愿基础上组成联保小组彼此相互担保的贷款；它适用于除小额信用贷款、抵（质）押贷款以外的农户以及难以落实保证的贷款。农户联保贷款的基本原则是："多户联保，总额控制，按期还款。"

2. 服务对象

具有农业户口的社区居民，主要从事农村土地耕作，或与农村经济发展有关的生产经营活动的农民、个体经营户等。

3. 积极成效

农户联保贷款自2001年由中国人民银行推出以来，以其独有的拓宽支农路子，为促进农村经济全面发展发挥了极其重要的作用。

一是扩大了贷款支持面。传统农业生产费用贷款的发放存在一定局限，农户小额信用贷款远远不能满足农户的需要。农户联保贷款的推出，正好解决了这一问题，有效扩大了信贷支持面。

二是为信用社资金找到出路。随着农村经济的不断发展，农村信用社资金规模不断扩大，单靠农户信用、抵押和质押贷款显得不足，农户联保贷款开拓了支农新思路。

三是减少信贷风险。由于农户联保贷款通常采取五户联保，小组成员之间相互承担连带保证义务，贷款逾期后，可向任何小组成员追索，为到期偿还提供保障，大大减小信贷风险。

四是有效解决农村融资难。随着农村产业化结构调整步伐的加快，农户对资金的需求越来越多，而农户能够提供的抵（质）押物品非常缺乏，抵（质）押能力十分有限，农户联保贷款既脱离小额信用贷款束缚，又不受制于抵（质）押物的限制。

五是强化农村诚实守信意识。由于农户联保小组成员之间相互承担连带保证责任，成员出现不守信用、不按时还款，其他小组成员负有督促和代替还款义务，能够有效强化农民诚信意识，促进农村诚信环境建设。

六是加快农村产业化结构调整步伐。大量农户联保贷款的发放，使农民获得更多的资金支持，扩大了农民就业渠道，增加了农民收入，对农村产业结构调整起到了积极的推动作用。

二、申请条件

申请农户联保贷款的基本条件包括：

（1）单独立户，经济独立，在贷款人服务区域内有固定住所；

（2）具有完全民事行为能力；

（3）从事土地耕作或者其他符合国家产业政策的生产经营活动，并有合法、稳定的经济收入；

（4）在农村信用社开立存款账户，无不良信用记录；

（5）联保小组由居住在贷款人服务区域内的借款人组成，一般不少于5户（邮政储蓄银行现行规定为3~6人）；

（6）各金融机构规定的其他条件。

三、农户联保贷款的特点

农户联保贷款最主要的特点表现为：

（1）个人申请、多户联保、周转使用、责任连带、分期还款；

（2）依据贷款用途、贷款项目生产周期、综合还款能力等因素确定贷款期限，一般为1~3年；

（3）利率优惠，优惠幅度由当地信用社确定。

农户联保贷款积极作用体现在以下几个方面：

（1）农户联保贷款作为农户小额信用贷款的有益补充，为解决部分"三农"大额信贷需求提供了便利，在成立联保小组后，凭"农户贷款证"和有效身份证件，就可直接办理，无须再办理担保抵押手续。

（2）丰富了农村信用社的信贷产品种类，增强了农村信用社信贷服务功能，增加了"三农"的信贷产品选择余地，为农民合理选择信贷产品提供了可能。开办农户联保贷款后，实行"个人申请、多户联保、周转使用、责任连带、分期还款"的办法，使贷款手续明显简化，大大方便了农户借贷。

（3）有效支持了农业产业化、规模化的发展，为农村调整产业结构、延伸农业产业链条、发展种养业提供了有力的资金支撑，同时也促进了农民的增收，增加了农村信用社的收入来源和经营效益，浓郁了农村诚实守信的氛围。

温馨提示

联户联保中途退出需慎重！

王大叔与村里的其他两个村民一起申请了联户联保，每人申请了5万元的贷款，贷款的期限是5年，谁知在第2年的时候，王大叔家里盖新房急需4万元钱，当他去农村信用社贷款时，却遭到了拒绝，理由是王大叔已经申请了联户联保，不能再申请贷款。遇到这种情况，该怎么办呢？

王大叔有以下途径能够贷到盖新房所需的4万元：

第一个方案，退出联保体，将所贷款项还清，但是这种情况，将会使联保体解散，需争得其他联保体成员的同意，并且其他的联保体成员有偿还能力。

第二个方案，王大叔可以不需要退出联保体，以自己的名义向农信社贷款，但是需要再找其他的担保人。

第三个方案，王大叔可以与其他的村民组成联保体，再向农信社贷款，但是从现实情况来看，这种方式一般较为困难，如果王大叔的信用额度已经在第一次联保贷款中用足了，那么再成立联保体申请贷款将不太可能。

四、贷款额度

农户联保贷款的最高贷款额度为5万元。信用环境较好的地区，可适当调高最高贷款额度。各地各金融机构的额度大体如此，但具体情况会有所不同，想贷款的农户可向当地银行或信用社咨询，以其具体规定为准。

知识窗

农村信用合作社农户联保贷款指引

（银监发［2004］68号）

第一章　总则

第一条　为提高农村信用合作社的信贷服务水平，进一步满足社区居民在生产、生活方面的信贷资金需求，根据《中华人民共和国担保法》、《贷款通则》等有关法律、法规，制定本指引。

第二条　本指引所称农户联保贷款是指社区居民依照本指引组成联保小组，贷款人对联保小组成员发放的，并由联保小组成员相互承担连带保证责任的贷款。

第三条　本指引所称贷款人是指农村信用合作社。本指引所称借款人是指依照本指引规定参加联保小组的自然人。

第四条　农户联保贷款实行个人申请、多户联保、周转使用、责任连带、分期还款的管理办法。

第二章　联保小组的设立、变更和终止

第五条　具备下列条件的借款人可以自愿组成联保小组：

（一）具有完全民事行为能力；

（二）单独立户，经济独立，在贷款人服务区域内有固定住所；

（三）具有贷款资金需求；

（四）具有合法、稳定的收入；

（五）在贷款人处开立存款账户。

第六条　联保小组由居住在贷款人服务区域内的借款人组成，一般不少于5户。

第七条　设立联保小组应当向贷款人提出申请，经贷款人核准后，所有成员应当共同与贷款人签署联保协议。联保小组自联保协议签署之日设立。联保协议有效期由借贷双方协商议定，但最长不得超过3年。联保协议期满，经贷款人同意后可以续签。

第八条　联保小组所有成员应当遵循"自愿组合、诚实守信、风险共担"的原则，履行下列职责：

（一）按照借款合同约定偿付贷款本息；

（二）督促联保小组其他成员履行借款合同，当其他借款人发生贷款挪用或其他影响贷款偿还的情况时，及时报告贷款人；

（三）在贷款本息未还清前，联保小组成员不得随意转让、毁损用贷款购买的物资和财产；

（四）对联保小组其他借款人的借款债务承担连带保证责任，在借款人不能按期归还贷款本息时，小组其他成员代为偿还贷款本息；

（五）民主选举联保小组组长；

（六）共同决定联保小组的变更和解散事宜。

第九条　联保小组全体成员偿还贷款人所有贷款本息后，成员可以在通知联保小组其他成员后自愿退出联保小组。未全部清偿的，经联保小组全体成员一致同意和贷款人审查同意后，该成员可以退出联保小组。

第十条　经联保小组成员一致同意，可以开除违反联保协议的成员，并责令被开除者在退出前还清所有欠款。

第十一条　联保小组成员变更后，必须与贷款人重新签署联保协议。

第十二条　出现下列情况之一的，联保小组解散：

（一）联保小组成员少于贷款人规定的最低户数；

（二）根据联保协议约定或经联保小组成员共同协商决定解散；

（三）联保小组半数以上成员无力承担连带担保责任；

（四）联保小组严重违反联保协议。

第十三条　联保协议期内，联保小组解散，联保小组成员仍应按照联保协议履行偿还贷款本息和保证义务，联保协议至联保小组全体成员付清所欠贷款人贷款本息后终止。

第三章　贷款的发放及管理

第十四条　联保小组成员应分别填写个人借款申请书，报贷款人审查通过后，与借款人签订贷款合同，并附联保协议。

第十五条　贷款人应将贷款发放给联保小组的借款者本人。

第十六条　贷款用途：

（一）种植业、养殖业等农业生产费用贷款；

（二）加工、手工、商业等个体经营贷款；

（三）消费性贷款；

（四）助学贷款；

（五）贷款人同意的其他用途。

第十七条　贷款人应根据联保小组各成员贷款的实际需求、还款能力、信用记录和联保小组的代偿能力，核定联保小组成员的贷款限额，联保小组各成员的贷款限额应相同。对单个联保小组成员的最高贷款限额由各省级信用合作管理部门根据地方经济发展、当地居民收入和需求、农村信用社的资金供应等状况确定。贷款人可根据借款人还款情况调整贷款额度。

第十八条　在联保协议有效期内，借款者本人在原有的贷款额度内可周转使用贷款。

第十九条　联保贷款期限由贷款人根据借款人生产经营活动的周期确定，但最长不得超过联保协议的期限。期限超过1年的，从贷款期限满1年起，应分次偿还本金。

第二十条　联保贷款利率及结息方式由贷款人在适当优惠的前提下，根据小组成员的存款利率、费用成本和贷款风险等情况与借款人协商确定，但利率不得高于同期法定的最高浮动范围。农户联保贷款按季结息。分次偿还本金的，按贷款本金余额计收利息。

第二十一条　贷款人要按照联保小组成员从事行业的特点，制定符合实际的分期还款计划。借款人应严格按照贷款合同约定归还贷款本息。

第二十二条　贷款发放后，联保小组组长应负责协助贷款人管理贷款，及时了解借款人的生产经营情况和贷款使用情况，并及时告知贷款人。

第二十三条　借款人必须按规定用途使用贷款。

联保小组任何成员不得以任何方式，将贷款转让、转借给他人或集中使用贷款人贷给联保小组其他成员的贷款。

第四章　附则

第二十四条　本指引未尽事宜按《中华人民共和国担保法》、《中华人民共和国商业银行法》、《贷款通则》和《农村信用合作社资产负债比例管理暂行办法》的有关规定执行。

第二十五条　各地可根据本指引，结合当地实际情况制定具体办法，并报上级联社和中国银行业监督管理委员会当地机构备案。

第二十六条　农村合作银行和农村商业银行办理农户联保贷款适用本指引。

第二十七条　本指引由中国银行业监督管理委员会负责解释、修改。

第二十八条　本指引自颁布之日起执行。凡与本指引不一致的规定以本指引为准。

五、注意事项

农户联保贷款，在一定程度上降低了农民贷款的门槛，赢得了不少面临资金短缺困境农民的欢迎。但是，近年来，涉及联保贷款的诉讼案件不断出现，并呈现逐年上升的趋势。这里，以实例来进行说明，以提醒广大农户加以注意。

贷款实例

农户联保贷款纠纷

随着京郊农村经济的发展，建设施大棚、购置新型农业机械、引进新品种经济作物……农民对资金的需求逐渐增大。同时，京郊农村地区在传统上又是正规金融功能的缺失地带，加上农民可抵押的"硬货"相对城里居民少，一些商业类银行对开展面向农民的贷款格外谨慎，这加大了农户融资的难度。近年来，部分银行为解决农户担保和信用度有限的问题，专门开发了农户联保贷款业务。所谓农户联保贷款，就是由参加贷款的几户农民在自愿基础上组成联保小组，银行作为贷款人向联保小组成员发放贷款，联保小组成员之间互相承担连带保证责任。农户联保贷款在一定程度上降低了农民贷款的门槛，赢得了不少面临资金短缺困境农民的欢迎。仅北京银行于2009年启动"5+5"金融服务行动方案以来，就已累计发放个人涉农贷款9 450万元、农民专属卡6.1万余张。

但近来，记者在京郊部分区县人民法院走访时发现，尽管农户联保贷款有效解决了农户贷款难、担保难的问题，可随之而来的则是涉及联保贷款诉讼不断出现，并呈现逐年上升的趋势。这其中，联保小组中的农民对贷款连带责任理解不足、联保小组自身操作不规范，是导致此类纠纷的两个最主要原因。

1. 一人不还贷，一组成员成被告

农户联保贷款是由多人组成一个联保小组，银行分别向小组成员在一定额度内发放贷款。如果有一人不能归还贷款，小组其他成员将承担连带保证责任。所以，此类纠纷中往往因为一人不归还贷款，整个小组成员都被告上法庭。另外，个别借款农民为了规避联保贷款借款额度小的问题，借用多人的名义组成联保小组，小组成员的借款均归此人，这样往往造成一旦此人未按约还款，其余成员也因未真正借款不愿承担还款或者连带责任，导致庭审中原被告双方对立。

顺义法院杨镇法庭就曾连续受理了4起这样的金融纠纷案件。家住杨镇的刘挣（化名）、熊明（化名）、崔可（化名）、周程（化名）4人与原告农村信用合作社签订了农户联保贷款合同，共向农村信用合作社借款16万余元。另外的20名农民作为联保小组成员，与信用社签订了保证合同。2005年，4名被告的贷款合同即将到期，农村信用合作社依约向刘挣等4名贷款农民催要借款本金、利息，可刘挣4人却一直未按合同约定履行还款义务。合同期满后，给刘挣4人做担保人的 20 名农户联保成员也未按保证合同履行保证责任。

无奈之下，发放贷款的农村信用合作社将刘挣等 4 名借款人和 20 名农户联保成员一同告上法庭，要求 4 名借款人清偿信用社贷款本金、利息共计 18 万余元，其余 20 名农户联保成员承担清偿连带责任。这起连带的案件一出，顿时在当地引起了轰动，村民纷纷打听："为何 4 个人欠款，要'搭上'20 个人陪绑？"20 名"被牵连第一次上法庭"的农民中的老李等 5 人，更是满腹怨气："我们连怎么成了联保小组成员都不清楚！"

2. 成员不理解，担保责任引纠纷

农户联保贷款的合同往往是贷款机构提供的格式合同，一般共签订借款合同以及联保协议书两份合同。借款合同主要约定：借款金额固定，农户小额信贷每笔通常不超过 5 万元；借款期限固定，通常为一年；合同利率固定，即执行合同约定利率，遇利率政策调整亦不进行调整。联保协议书主要约定联保小组成员间的连带保证义务。相对固定的合同，一方面为农户联保贷款的发展带来了便利，另一方面由于不少农户往往拖到"等米下锅"时才会去贷款，急躁之下，疏于理解合同的内容，加之部分农民对金融贷款的法律责任等认识不高，在为他人提供担保时，没有全面了解金融借款合同及保证合同的内容，而是出于"面子"、朋友义气在保证合同上草率签字。一旦贷款逾期，保证人却不愿承担保证责任。

今年 8 月，延庆县法院就审理了这样一起农户联保贷款纠纷案，同一个联保小组中并没有真正使用贷款的张合与张程津最终替同组的马文一起承担了还款责任。2008 年 9 月 19 日，马文、张合、张程津以一个联保小组的身份与银行签订了农户联保贷款协议书，该协议书约定：2008 年 9 月 19 日至 2010 年 9 月 19 日，银行根据联保小组的申请与之签订借款合同，按照小组成员每人个人最高贷款限额人民币 5 万元内发放贷款，联保小组任一成员自愿为其他成员的贷款提供连带责任保证，在银行和小组中的任一成员签订借款合同时，不需逐笔办理保证手续，其他成员均承担连带保证责任，保证期间从借款之日起至借款到期后两年。也就是说，如果老马三人中有任何一个人需要贷款，都可以向银行申请最多 15 万元贷款，当借款的成员不能偿还贷款时，另外两人要与借款的成员一同还钱。当日，银行就向老马三人发放了共计 15 万元贷款，约定 2009 年 9 月 19 日前还款，并约定了固定利率，利息从贷款到账之日起，按照实际到账金额和占用天数计收；老马三人采用阶段性等额本息还款法还款。

转眼间最后的还款日到了，可仍有部分借款本金及利息没有还清。银行分别找到了老马三人，但这时，没有真正用到贷款的张合与张程津不干了，老马一人又无力还清全部贷款。最终，银行将三人一起告上了法庭，要求三被告偿还剩余部分借款本金及利息。在法庭上，张合与张程津一度委屈地大喊："欠债还钱天经地义，可我没借钱，凭什么也要我还钱？"

法院审理后认为，银行与老马三人签订的农户联保协议书与农户联保借款合同是当事人的真实意思表示，双方应当按照合同约定履行义务。银行依约履行了放贷义务，而老马三人未如约还款，已构成违约，银行要求三人偿还借款本息，并承担相应的连带保证责任的诉讼请求，合法正当、证据充分。法院判决三人偿还银行借款及利息和罚息 4 万余元。案后，主审法官感慨地说："这个案子真正的症结点在于农民没有搞清担保这个词在法律上的严肃性与相应的责任。"

3. 多宣传严规范，理好联保账

尽管农户联保贷款还存在上述问题，导致或大或小的此类纠纷频发，可其对推动农村经济发展、农民致富的作用却不可否认。记者走访了数位多年在京郊一线工作的法官、律师，他们不约而同地提出："关键还是在于进一步规范其具体操作，并在农民中普及相关金融、法律知识，把好事真正办好。"

"磨刀不误砍柴工，这其实对银行等贷款机构来说，表面看起来是增加了成本，可实际上也有利于维护其自身合法利益。"法官王夫贵建议，贷款机构在向借款农民与担保农民发放农户联保贷款时，应该对其身份进行核实，从一开始就避免"不真实的借款或担保行为"发生；发放贷款时，贷款机构应严格审查核实农户的借款情况，避免自身的风险集中；在与农户签订合同时，贷款机构要向农户尤其是联保小组中充当担保人的农户强调并解释连带保证的责任和意义。

律师则建议，针对贷款涉及的金融、法律问题较为专业，同时，农户法律意识普遍较为薄弱、法律知识匮乏，贷款机构、法院以及各区县、乡镇司法部门可以把农户联保贷款中常见的问题和应注意的事项编成简单易懂的小读本，发放给村民；还可以通过送法进村、普法讲堂等形式，多组织一些相关宣传，让农户明白连带保证责任等法律术语的意义，以便他们更好地维护自身的合法权益。

顺义法院则向京郊各区县人民法院发出倡议，法院应主动向贷款机构了解辖区农户联保贷款的整体情况，掌握潜在诉讼的趋势，为其开展农村金融业务提供相关法律服务。在接到此类案件时，多方调查、了解借款人的实际情况，对于确因家庭经济困难而无力偿还贷款本息的，多做贷款机构的劝说工作，尽量促成其同意借款农民分期予以偿还，努力缓解矛盾，使联保真正实现保民无忧。

资料来源　高珊珊：《农户联保贷款　纠纷案件频发》，载《京郊日报》，2011-08-26。

实践中，农户联保贷款纠纷存在以下特点：

一是被告人数较多。农户联保贷款纠纷中，一般由多人组成一个联保小组，银行分别向小组成员在一定额度内发放贷款。如果有一人不能归还贷款，小组其他成员将承担连带保证责任。所以，此类纠纷中往往因为一人不归还贷款，整个小组成员都被告上法庭。

二是合同内容相对固定。农户联保贷款的合同往往是贷款机构提供的格式合同，一般共签订借款合同以及联保协议书两份合同。借款合同主要约定：借款金额固定，农户小额信贷每笔通常不超过5万元；借款期限固定，通常为一年；合同利率固定，即执行合同约定利率，遇利率政策调整亦不进行利率调整。联保协议书主要约定联保小组成员间的连带保证义务。相对固定的合同一方面为联保贷款的发展带来了便利，另一方面由于贷款人可能急于贷款，疏于理解合同的内容，一旦联保小组成员拖欠贷款，其余成员可能因不理解合同的内容而产生对抗情绪，从而增加审判的难度。

三是联保贷款的操作过程中存在不规范的行为。例如，为了规避联保贷款借款额度小的问题，一人往往借用多人的名义组成联保小组，小组成员的借款均归此人，这样往往造成信贷机构的风险集中，一旦此人未按约还款，其余成员也因未真实借款不愿承担还款或者连带责任，导致庭审中原被告双方对立。

四是缺席审理的案件比例高。原因一般有三种：第一，借款人签订借款合同时所留地址或电话均为在农村的旧址，借款人往往没有正式工作，流动性比较大，法院往往难以准确送达，导致案件审理中找不到被告，需要公告送达开庭传票。第二，有些案件即使能够找到被告，但作为借款人的被告抱着反正没钱还法院怎么判都无所谓的心态，无正当理由拒不到庭。第三，一些被告人不理解连带保证的意义，往往认为不是自己的借款，与自己无关，拒不出庭应诉。

五是案件调撤率较低，多以判决为主，且以判决结案的案件，当事人自动履行的较少；经过法院强制执行，收回借款的案件数所占的比例也较小。

对此，通过对众多纠纷案件的总结，可采取如下对策：

一是加强制度设计。由于熟人社会等原因，我国的农民是诚实守信的，只要有还款能力，肯定会尽最大努力还贷。但另一方面，农户的个体信用很难发展成一般的社会信用关系，"谁欠的钱谁还"的思想广泛存在。这种低社会信任导致了低的合作意愿，彼此不存在主动合作的激励。所以，农民为达到及时获取贷款的目的，便广泛存在在相对陌生的农民间临时搭建联保小组的现象，这为日后贷款风险的集中爆发埋下隐患。因此，农户联保贷款产品要可持续推广，需兼顾制度设计和前提条件两个层面。首先，在制度设计上，宜结合当地实际情况，动态调整联保小组构成人数、贷款发放金额和贷款期限，以求最大程度吻合农户实际需求和农业生产周期。另外，对联保贷款授权授信管理宜由总行或农信社省联社适度下放至基层行（社），并加强操作风险和信贷员的道德风险防控。其次，在前提条件上，宜通过发展合作社等方式加强农户之间的经济利益关联和信息对称程度，为组建联保小组创造条件。同时，对按时、足额还款的农户给予正面激励，如提高其授信额度、降低其贷款利息等。

二是严格合同审查。通过村委会、街坊乡邻了解借款人的实际生活情况、居住地址等信息，并尽量采取直接送达、委托村集体送达等方式多次进行送达，避免适用公告送达带来的执行难问题。对于公告送达案件，要求贷款机构核实借款合同是否系借款人本人所签，以维护借款人的合法利益。

三是深入调查，力促调解。通过多方调查，了解借款人的实际情况，对于确因家庭经济困难而无力偿还贷款本息的，多做贷款机构的劝说工作，希望其多体谅农民的实际困难，允许借款农民分期予以偿还，努力地缓解矛盾而不是增加新的矛盾。

四是加强普法宣传。针对农户法律意识薄弱，法律知识匮乏等情况，根据农户联保贷款中常见的问题和应注意的事项制作并发放宣传册。以送法进村、普法讲堂等形式让农户们明白连带保证责任等法律术语的意义以便他们更好地维护自身的合法权益。同时，向贷款机构发出司法建议。建议贷款机构严格审查核实农户的借款情况，避免自身的风险集中；建议贷款机构在与农户签订合同时强调并解释连带保证的责任和意义。同时，主动向贷款机构了解辖区农户联保贷款的整体情况，掌握潜在诉讼的趋势，并为其开展农村金融业务提供相关法律服务。

六、贷款文件

为帮助农户更好地了解农户联保贷款，现将有关文件范本列示如下。

1. 联保协议范本

设立联保小组申请书及联保协议（范本）

_____农村信用社：

我们_____人自愿遵循"自愿组合、诚实守信、风险共担"的原则，向贵社申请成立联保小组，保证遵守《县（市）农村信用社联保贷款实施办法》的各项规定，并约定如下联保协议：本联保小组每一成员向农村信用社借款时，由联保小组的所有其他成员提供最高额连带责任保证，即：本联保小组成员自愿为贵社在　　年　　月　　日至　　年　　月　　日期间向联保小组的其他成员发放的，最高额为人民币（大写）　　万元的贷款提供担保，并承诺：

1. 保证方式为连带责任保证，每一联保小组成员借款均由联保小组的所有其他成员提供连带责任保证，即互相联保；

2. 保证期间为自借款之日起至借款到期后二年；

3. 保证范围包括借款的本金、利息、罚息、逾期利息、复息、违约金、损害赔偿金和因借款人违约致使贷款人采取诉讼方式所支付的律师费、差旅费及贷款人实现债权的其他费用；

4. 不管借款用于任何用途，都不影响保证人承担连带责任；

5. 因借款人违反合同或借据约定，贷款人有权提前收回尚未到期的贷款，保证人应承担连带保证责任；

6. 督促借款人履行合同，当借款人发生贷款挪用或其他影响贷款偿还的情况时，及时报告贷款人；

7. 保证人同意，保证人所应支付的一切款项，可由贷款人（或商请其他行、社）在保证人的任何账户内扣收。

申请人（联保小组成员）签章：

　　年　　月　　日

信用社意见：

　　年　　月　　日

2. 联保贷款合同范本

联保贷款合同（范本）

联保小组成员（借款人、保证人）：

贷款人：

根据有关法律、法规、规章和《农村信用合作社农户联保贷款指引》的规定，经联保小组成员（即借款人、保证人）、贷款人协商一致，签订本合同。

第一条　从　年　月　日起至　年　月　日止，由贷款人根据任一联保小组成员的申请和贷款人的可能，对任一联保小组成员在最高贷款余额人民币（大写）　　　内分次发放贷款。在此期间和最高贷款余额内，由联保小组的所有其他成员提供连带责任保证，不再逐笔办理保证担保手续，每笔贷款的最后到期日不得超过　　年　　月　日，每笔借款的种类、金额、期限、用途、利率和还款方式以借款借据为准。本合同项下借款按季结息，结息日为每季末月的第20日。提前还款时利率不变，贷款人有权按本合同约定的借款期限计收利息。借款借据作为本合同的组成部分，与本合同具有同等法律效力。

第二条　作为借款人的联保小组成员的权利和义务

（一）有权按照本合同约定取得贷款，在约定的额度和期限内可周转使用贷款；

（二）按期偿还贷款本息；

（三）按约定使用贷款，不擅自改变借款用途，不得将贷款交其他联保小组成员使用；

（四）应贷款人的要求及时提供真实的相关表报及所有开户社（行）、账号及其他资料；

（五）接受贷款人对其信贷资金使用情况和有关经营活动的检查监督；

（六）为他人债务提供担保，应事先通知贷款人，并不得影响贷款人到期收回贷款；

（七）借款人保证不抽逃资金、转移资产或擅自转让股份，以逃避对贷款人的债务；

（八）借款人同意，借款人所应支付的一切款项（含本金、利息及其他费用），可由贷款人（或商请其他行、社）在借款人的任何账户内扣收；

（九）联保小组成员不得以任何方式将贷款转让、转借给他人或集中使用贷款人贷给联保小组其他成员的贷款。

第三条 贷款人的权利和义务

（一）在借款人履行本合同约定义务的前提下，按第一条的规定向借款人提供贷款；

（二）贷款人有权了解借款人的生产经营、财务活动、物资库存和贷款的使用等情况，要求借款人按期提供报表等文件、资料和信息；

（三）按照本合同约定收回或提前收回贷款的本金、利息、罚息、逾期利息、复息和其他借款人应付费用时，贷款人均可直接从借款人和保证人任何账户中划收，并有权商请其他开户银行（社）代为扣款清偿，或通过法律程序要求借款人或保证人提前归还贷款。

第四条 作为保证人的联保小组成员的权利义务（保证条款）

（一）保证方式为最高额连带责任保证，任一联保小组成员向贷款人借款均由联保小组的所有其他成员提供连带责任保证，即联保小组成员相互承担连带保证责任，互相联保；

（二）保证期间为每一笔自借款之日起至借款到期后二年；

（三）保证范围包括借款的本金、利息、罚息、逾期利息、复息、违约金、损害赔偿金和因借款人违约致使贷款人采取诉讼方式所支付的律师费、差旅费及贷款人实现债权的其他费用；

（四）不管借款用于任何用途，都不影响保证人承担连带责任；

（五）因借款人违反本合同或借据约定，贷款人有权提前收回尚未到期的贷款，保证人承担连带保证责任；

（六）即使主合同被确认无效，该保证条款仍然有效，保证人仍对债务人应履行义务承担连带责任；

（七）督促借款人履行合同，当借款人发生贷款挪用或其他影响贷款偿还的情况时，及时报告贷款人；

（八）保证人同意，保证人承担保证责任所应支付的一切款项

（含本金、利息及其他费用），可由贷款人（或商请其他行、社）在保证人的任何账户内扣收。

第五条　借款人因特殊情况需要提前归还贷款的，须征得贷款人的同意。

第六条　违约责任

（一）借款人违约

1. 不按期归还借款本金，从逾期之日起按逾期贷款罚息利率计收利息（逾期贷款罚息利率按合同利率加收　％计算）；或按（日利率或月利率或年利率）计收利息。（遇利率政策调整，按人民银行规定执行）。若贷款展期后逾期的，从逾期之日起按展期后的利率加收　％的利息。

2. 不按合同规定用途使用借款，从未按合同规定用途使用借款之日起按未按合同规定用途使用借款罚息利率计收利息（未按合同规定用途使用借款罚息利率按合同利率加收　％计算）；或按（日利率或月利率或年利率）计收利息。（遇利率政策调整，按人民银行规定执行）。若贷款展期后未按合同规定用途使用借款的，从未按合同规定用途使用借款之日起按展期后的利率加收　％的利率计收利息。

3. 不按期偿付贷款利息，其欠息部份按逾期贷款罚息利率计收利息。

4. 借款人违反本合同任一条款时，贷款人有权停止本合同尚未发放的贷款和提前收回尚未到期的贷款，保证人承担连带保证责任。

（二）贷款人违约

在借款人履行本合同约定义务且按照贷款人要求办妥贷款保证担保的前提下，贷款人不能按本合同第一条向借款人提供贷款时，按违约数额和延期天数收取违约金。

（三）保证人违约

保证人不履行约定义务，应承担相应的违约责任，并赔偿由此给贷款人造成的损失。

第七条　因借款人违约致使贷款人采取诉讼方式实现债权的，借款人应当承担贷款人为此支付的律师费、差旅费及其他实现债权的费用。

第八条　本合同发生纠纷，由贷款人住所地人民法院管辖。

第九条　其他约定事项。

第十条　本合同一式×份，联保小组成员各持一份，贷款人持×份。本合同自各方签章之日起生效。

第十一条　提示

贷款人己提请联保小组成员（借款人、保证人）注意对本合同各印就条款作全面、准确的理解，并应联保小组成员（借款人、保证人）的要求做了相应的条款说明。签约各方对本合同的含义认识一致，并表示任何时候都不得提出异议。

序号　联保小组成员（借款人、保证人）身份证号码　签章　备注

贷款人（公章）：

法定代表人（签章）：

签约日期：

签约地点：

3. 联保申请书范本

联保申请书（范本）

本申请书所涉全体申请人同意经由本申请书形成权利共享、责任共担的联保体，向贵行共同申请用于联保体成员生产经营活动的贷款额度，并由全体联保体成员对单个联保体成员的贷款承担共同连带担保责任。

联保体每一成员均遵守本申请书所述联保体的承诺。

第一部分：联保体成员基本信息

姓名＿＿＿＿＿＿＿证件种类＿＿＿＿＿＿证件号码＿＿＿＿＿＿＿＿＿＿

现居住地址＿＿＿＿＿＿＿＿＿＿＿＿

住宅电话＿＿＿＿＿手机号码＿＿＿＿＿电子信箱＿＿＿＿＿＿＿＿＿＿

通讯地址＿＿＿＿＿＿＿＿＿＿＿＿＿＿邮编＿＿＿＿＿＿＿＿＿＿

其中：联保体负责人为＿＿＿＿＿（联络方式：＿＿＿＿＿＿）

负责人应建立联保体内部管理制度，负责成员贷款日常管理和检查、监督；对单个成员贷款申请召开成员大会进行批准；配合贵行进

行客户情况调查及贷后检查。

负责人发生变化的,联保体保证及时将变更情况通知贵行。

第二部分:申请内容

联保体成员人均授信额度_____万元,合计_____万元,向贵行申请贷款总额度_____万元,额度期限_____年。

每个成员可使用的最高贷款额度具体如下:

(姓名):_____万元

成员单笔贷款(或额度)期限根据成员业务经营周期与资金周转情况确定,其最长期限不超过_____个月。

第三部分:联保体承诺(内容略)

联保体成员签名:_____

4. 有关贷款申请表

农户联保贷款额度申请表样表请见表4—1:

表4—1 **农户联保贷款额度申请表**

一、组长客户信息

姓　名		性别	□男　□女	证件类型	□居民身份证		□户口簿	
证件号码								
家庭地址	__乡(镇)__行政村__自然村(小组)__号					联系电话		

二、小组成员1客户信息

姓　名		性别	□男　□女	证件类型	□居民身份证		□户口簿	
证件号码								
家庭地址	__乡(镇)__行政村__自然村(小组)__号					联系电话		

三、小组成员2客户信息

姓　名		性别	□男　□女	证件类型	□居民身份证		□户口簿	
证件号码								
家庭地址	__乡(镇)__行政村__自然村(小组)__号					联系电话		

续表

四、小组成员 3 客户信息

姓　名				性别	□男　□女	证件类型	□居民身份证	□户口簿
证件号码								
家庭地址	__乡（镇）__行政村__自然村（小组）__号						联系电话	

五、小组成员 4 客户信息

姓　名				性别	□男　□女	证件类型	□居民身份证	□户口簿
证件号码								
家庭地址	__乡（镇）__行政村__自然村（小组）__号						联系电话	

六、每个小组成员的申请额度

申请额度	人民币（大写）　　拾　万　仟　佰圆整	拾万	万	仟	佰	拾	元
						0	0

声明及承诺

1. 我承诺以上所填信息完全属实，且按规定报送贵行留存的资料复印件属实；

2. 我承诺以上所填信息是我真实意思表达，若由邮政储蓄人员或其他人员代为填写，是经我授权并认可的；

3. 经贵行审查本申请不符合规定条件而未予受理，我没有异议；

4. 经贵行审批同意的小组授信额度小于申请的小组额度时，我也接受此授信；

5. 本人授权邮政储蓄银行在本次业务过程中（从业务申请至业务终止），向中国人民银行个人信用信息基础数据库及信贷征信主管部门批准建立的其他个人信用数据库或有关单位、部门及个人查询并留存本人的信用信息，并将本人信用信息提供给上述个人信用数据库，查询获得的信用报告限用于中国人民银行颁布的《个人信用信息基础数据库管理暂行办法》规定用途范围内。

联保小组组长签字：_____

小组成员 1 签字：_____　　小组成员 2 签字：_____

小组成员 3 签字：_____　　小组成员 4 签字：_____

　　　　　　　　　　　　　　　　　　　　　　　年　　月　　日

商户联保贷款额度申请表样表请见表4—2：

表4—2　　　　　　　　商户联保贷款额度申请表

一、组长客户信息

姓　名				性　别	□男	□女	证件类型	□居民身份证		□户口簿	
证件号码											
生产经营地址							户籍所在地				
经营业务											
营业执照						生产经营许可证					
住宅电话				办公电话				手机			

二、小组成员1客户信息

姓　名				性　别	□男	□女	证件类型	□居民身份证		□户口簿	
证件号码											
生产经营地址							户籍所在地				
经营业务											
营业执照						生产经营许可证					
住宅电话				办公电话				手机			

三、小组成员2客户信息

姓　名				性　别	□男	□女	证件类型	□居民身份证		□户口簿	
证件号码											
生产经营地址							户籍所在地				
经营业务											
营业执照						生产经营许可证					
住宅电话				办公电话				手机			

四、每个小组成员的申请额度

申请额度	人民币（大写）　拾　万　仟　佰圆整	拾万	万	仟	佰	拾	元
						0	0

声明及承诺

1. 我承诺以上所填信息完全属实，且按规定报送贵行留存的资料复印件属实；

2. 我承诺以上所填信息是我真实意思表达，若由邮政储蓄人员或其他人员代为填写，是经我授权并认可的；

3. 经贵行审查本申请不符合规定条件而未予受理，我没有异议；

4. 经贵行审批同意的小组授信额度小于申请的额度时，我也接受此授信；

5. 本人授权邮政储蓄银行在本次业务过程中（从业务申请至业务终止），向中国人民银行个人信用信息基础数据库及信贷征信主管部门批准建立的其他个人信用数据库或有关单位、部门及个人查询并留存本人的信用信息，并将本人信用信息提供给上述个人信用数据库，查询获得的信用报告限用于中国人民银行颁布的《个人信用信息基础数据库管理暂行办法》规定用途范围内。

小组牵头人签字：＿＿＿　小组成员1签字：＿＿＿　小组成员2签字：＿＿＿

　　年　　月　　日　　　　年　　月　　日　　　　年　　月　　日

第五章　农户保证贷款

农家金融

农行丽水分行村集体保证金贷款破解农民贷款难

日前，农行丽水分行对适合农户融资需求的抵质押担保方式大胆创新，在全市率先推出了"村集体保证金+农户保证"信贷新产品，不仅破解了农房不能抵押、农民担保难的问题，而且充分对接农村信用等级评定结果，有效降低了支农贷款的信用风险，改善了农村融资环境。现在信用评级优的农户，都会得到市农行低平台、短流程、高效率的服务。

9月13日，丽水农行在缙云县壶镇元古村开展了小额农贷整村推进活动。元古村村集体经济活跃，是蔬菜生产基地，效益农业、绿色农业、现代农业初具雏形，目前产品除供应壶镇市场外，还销往省内各地市场。村双委发展绿色农业生产基地思路清晰，农户增收明显，新农村建设成果显著。农户可抵押方式的创新，满足了农业种养殖大户对规模农业和设施农业发展所需的资金投入。目前农行为元古村180户中的143户发放贷款1 185万元，覆盖面达80%。

朱诗亮是缙云县壶镇元古村的种植专业户，除收购别人的蔬菜外，自家也有10多亩大棚，农忙季节经常缺少流动资金。"不过现在一点也不用愁了。"他告诉记者，"壶镇农行已经给了我5万元的贷款。"朱诗亮采用的就是市农行在全市首创的"村集体保证金+农户保证"贷款，简单地讲就是以村集体名义成立一个专项贷款风险补偿资金，并按贷款金额的一定比例从村级资金中拿出一笔补偿金存入在农行开立的保证金账户中，当贷款农户出现逾期时，农行将从该保证金账户中扣划相应数额的资金用于归还欠款，再由村委会协助农行向违约农户催收。从本质上说这款产品对信贷制度、机制、流程、审批的所有环节，并没有发生太多的改变，发生变化的是，在整个资金融通中，转变了贷款担保模式，解决了农房不能抵押的难题。

据了解，不仅如此，丽水农行还采用"公司+农户"、"专业基地+农户"、农户多户联保、林权抵押等多种担保模式解决农户贷款难，累计发放惠农卡 9.38 万张、小额农贷 2.86 亿元，通过实实在在的行动促进了农民增收、林区发展、移民创业和新农村建设。目前该行正着手与村镇的便利店、超市、农用物资店等农村商业机构合作，布设转账电话、POS 机具等电子渠道产品，进一步方便广大农户，增强农村金融服务能力。

资料来源 宋屹帆：《农行丽水分行村集体保证金贷款破解农民贷款难》，浙江理财网，2010-09-21。

保证贷款指贷款人按《担保法》规定的保证方式以第三人承诺在借款人不能偿还贷款本息时，按规定承担连带责任而发放的贷款。保证人为借款提供的贷款担保为不可撤销的全额连带责任保证，也就是指贷款合同内规定的贷款本息和由贷款合同引起的相关费用。保证人还必须承担由贷款合同引发的所有连带民事责任。

一、贷款介绍

1. 概况

保证贷款指贷款人按《担保法》规定的保证方式以第三人承诺在借款人不能偿还贷款本息时，按约定承担一般保证责任或者连带保证责任而发放的贷款。目前，开办农户保证贷款的主要是中国邮政储蓄银行。

中国邮政储蓄银行农户保证贷款的对象为农民、城镇个体经营者和微小企业主（包括个人独资企业主、合伙企业合伙人、有限责任公司个人股东等）。其中，农户最高贷款金额为5万元，商户最高贷款金额为10万元。保证贷款担保人必须有固定的职业或稳定的收入，两人担保的，其中一人须为公务员、教师、医生、事业单位或大中型企业正式员工。

2. 客户

邮政储蓄银行的小额贷款针对两个客户群：一是农户，一是商户。

（1）针对农户的，要从事养殖和种植业，要求已婚。找一到两个担保人最多可以贷款5万元。

（2）针对商户的，要有工商营业执照，要正常经营3个月以上。找一到两个担保人，最多可以贷款10万元。

二、申请条件

申请邮政储蓄银行农户小额保证贷款的条件是：

（1）申请人年龄18~60周岁，身体健康，具有当地户口或者在当地居住满1年；有工商部门颁发并年检合格的营业执照；正常经营满3个月以上；主要经营场所在市（县）区范围内。

（2）担保条件：贷款金额1万元以下（不含），只需要找一位担保人，且须为国家公务员，事业单位、大中型企业正式职工或老师、医生等收入相对稳定的人群。贷款金额为1万元至10万元，您需要找两位担保人，其中一位必须为国家公务员、事业单位、大中型企业正式职工或老师、医生等收入相对稳定的人群，另一位担保人必须有固定的职业或稳定的收入。

（3）需提交的材料：申请人和担保人身份证原件及复印件；担保人个人经济收入证明；工商部门颁发并年检合格的营业执照原件及复印件；邮政储蓄银行要求提供的其他材料。

（4）贷款办理流程：寻找担保人—网点申请—提交资料—填写

申请表—接受调查—等待审批—签订贷款合同—发放贷款。

针对商户的保证贷款，对商户的有关需求是：

（1）必须是经工商行政管理部门核准注册，并按规定办理纳税登记和年检手续的企事业法人；

（2）产品有市场，生产经营有效益，不挤占挪用信贷资金，恪守信用；

（3）有按期还本付息能力，原应付贷款本息和到期贷款已清偿；按银行企业信用等级评定标准核定，原则上信用等级必须为 A 级（含）以上；

（4）已在银行开立基本账户或一般存款账户；

（5）除国务院规定外，有限责任公司和股份有限公司对外权益性投资累计额未超过其净资产总额的50%；

（6）借款人的经营和财务制度健全，主要经济和财务指标符合银行的要求；

（7）申请中长期贷款的项目必须经国家主管部门批准，新建项目的企业法人所有者权益与项目总投资的比例不低于国家规定的投资项目资本金比例。

三、农户保证贷款的特点

保证贷款最大优点是放款快，有的地方最快两天就能放款，最慢的从申请到审批下来大概一周时间，银行会把钱打到农户在邮储银行开通的活期账户里。具体来讲，特点主要有：

（1）手续简便、放款快，一般不需办理有关登记评估等手续；

（2）保证人可选择一个或多个；

（3）保证人愿意长期作保的，可签订最高额保证借款合同，在最高额保证期限内，不再办理相关的保证手续。

四、贷款额度

对于农户保证贷款，额度：1 万 ~ 5 万元，贷款期限：36 个月。贷款金额 1 万元以下只需 1 个担保人，1 万元以上需要两个担保人，不需要任何抵押。

农户中的商户贷款最高可贷 10 万元。

各地各金融机构的额度会有所差别，想贷款的农户可以向银行咨询，例如，可拨打邮储银行的客服电话"95580"询问。

五、注意事项

1. 保证人需注意清偿能力

实践中，农户保证贷款在保证人方面暴露了一些问题，主要就是保证人不具备代为清偿债务的能力。其主要成因：

一是保证人在自身借了一定数额的贷款后，又为他人保证借款，或者是先后为多个债务人作保证，所借贷款数额较大，严重超过了自身偿还和为债务人代为清偿债务的能力。

二是保证人为家庭成员或一个利益共同体内的成员作借款保证。如夫为妻保证、父为子保证、母为子保证、生产经营组和经济联合体或单位负责人为内部多个成员保证。这些借款绝大多数是用于同一个生产经营项目，借款人与保证人之间有着利益共享、风险共担的关系，当生产或经营出现风险损失时，借款人和保证人将遭受同样的损失，使借款人和保证人的偿债能力同时削弱，甚至完全丧失偿债能力。

2. 贷款保证人的责任承担问题

由于一般保证的保证人承担单方性、无偿性的法律责任，故对保证人尽了义务而债权人怠于行使权利的情况，应该免除保证人一定范围内的保证责任。即使保证人在贷款合同履行期满后，向商业银行提供了可供执行财产的真实情况，银行放弃或者怠于行使追偿权利而致使该财产不能执行的，保证人也可以请求法院在其提供执行财产的实际价值范围内免除保证责任。

保证存续的基础是保证人对债务人的信任，因而一旦发生债务人变动时，保证人一般不再为该债务承担保证责任，如果贷款合同发生变更，又未获得保证人书面同意时，保证人也不应为此承担责任。《担保法》第二十四条明确了这一点。但《担保法》司法解释的一些规定已突破了这些法理，表现在：保证期间债权人与债务人对主合同的数量、价款、币种和利率等内容作了变动未经保证人同意的，如果减轻债务人的债务的，保证人仍应当对变更后的合同承担保证责任；如果加重债务人的债务的，保证人对加重的部分不承担保证责任；债权人与债务人对主合同履行期限作了变动未经保证人书面同意的，保证期间为原合同约定的或法律规定的期间，债权人与债务人协议变更主合同内容但未实际履行的，保证人仍应当承担保证责任。这说明保证债权的安全已成为《担保法》的首要价值取向，保证人对其承诺的保证义务负责，而不论合同内容是否已改变。

在商业银行与借款人的贷款活动中，常常有协议以新贷还旧贷的情况发生。在此活动中，保证人是否还承担保证责任呢？基于主合同主要内容变更，保证人不再承担责任的原理，以新贷偿还旧贷属于主合同变更，保证人除该变更协议知道并应当知道外，不承担民事责任，但如果旧贷的保证人又为新贷作保的话，那么保证人的责任不能免除。

在企业破产中，破产企业最大的债权人是包括商业银行在内的金融机构，虽然银行为了防范金融风险，一般都采用担保贷款，但在贷款保证中，商业银行知道或应当知道借款人破产后，如果不及时申报债权并告知保证人，那么保证人将在该债权破产程序中可能受偿的范围内免除保证责任，银行不能向保证人追偿，只能自己承受不良债权。

3. 保证责任期间的问题

贷款保证应当是有期限的，这个期限就是保证期间。在贷款担保合同中，当事人对贷款保证期间的约定非常复杂，因而适用保证期间应注意几个问题：

第一，保证期间是除斥期间。所谓除斥期间，是指法律预定的某种权利存续的期间，当期间届满时该权利消灭。除斥期间为不变期间，不因任何事由而中止、中断和延长，保证期间是债权人要求保证人承担保证责任的权利存续期间，因而，《担保法》所规定的保证期间属于除斥期间。由于保证责任不同于一般民事责任，保证人实际上是为他人承担责任，因此法律有必要设立不变期间加以限制，防止保证人无限期承担保证责任。在保证期间届满时，债权人没有及时行使权利，则要求保证人承担保证责任的实体权利归于消灭，保证人免除保证责任。

第二，约定保证期间超过诉讼时效期间问题。目前法律并未限制保证期间的结束点，如果约定的保证期间长于诉讼时效期间，因债权人已对债务人失去胜诉权，再要求保证人承担保证责任，有悖于法理，但保证人的保证行为已经成立，不能因此完全免责，应当以约定不明处理。

第三，约定保证期间早于或等于贷款履行期间的问题。对于这种情况，应当视为当事人没有约定，保证期间为法定期间，即为贷款债务履行期间届满之日起六个月。

第四，约定保证期间为保证人承担保证责任直至贷款债务本息还清时为止等类似内容的问题。这种约定的意思是清楚的，但没有明确的保证期间，这与设立保证期间的立法意图相悖，因此应认为无效，视为约定不明，保证期间为贷款债务履行期间届满之日起两年。

4. 其他法律问题

保证贷款合同纠纷应当按照《担保法》及相关法律法规、司法解释处理。

（1）关于主体问题。保证贷款合同签订时应当特别注意保证人的资格问题，《担保法》第七条、第八条、第九条、第十条专门规定了哪些人可以做保证人，哪些人不可以做保证人。一般而言，具有社会公益性质的主体及不能独立承担民事责任的主体不得担任保证人。

（2）保证合同的签订。签订保证合同在实践中大致有下列方式：保证人与贷款人专门签订书面保证合同；保证人在借贷合同上签字或盖章表示愿意承担保证责任；保证人单独向贷款人出具书面的保证书。

（3）保证人的责任。保证可以分为一般保证和连带责任保证。

小资料

投保贷款农户出意外，保险公司还贷款

针对贷款农户发生意外无力还贷的情况，中国人寿推出小额贷款保险，以降低银行贷款风险，在实践中发挥了积极影响。

新桥镇农民小吴干劲十足，他的果园 2010 年又扩大规模了。他从市农村信用社贷款 3 万元的同时，购买了小额贷款借款人意外伤害保险，万一他有意外伤害发生，也不必担心还不了信用社的贷款。

从前，贷款农户一旦出现交通事故、意外医疗等意外情况，则导致生产经营困难，还不上银行、信用社等金融机构的到期贷款。因此，金融机构不敢扩大对农户、中小企业主等风险承受能力较弱的小额贷款客户的贷款额、贷款量。2010 年以来，中国人寿遂宁分公司推出了小额贷款借款人意外伤害保险，降低银行贷款风险，也给贷款者带来了更多保障。

一、防范银行贷款风险

"小额贷款保险与其他意外伤害保险最大的区别在于，第一受益人必须为银行、信用社等金融机构。"据市中国人寿团险部负责人介绍，国寿小额贷款保险是银行向借款人发放小额贷款时，中国人寿专门研发的为借贷双方配套提供的一款意外伤害保险。这款保险将借款人因发生意外伤害死亡或意外伤残引起的信用风险转嫁给了保险公司。

2010 年以来,市中国人寿已与市农业银行、市农村信用社、市商业银行合作,开办了小额贷款保险业务。下一步,还会将小额贷款保险合作范围扩大到全市所有金融机构,缓解更多农户和中小企业融资难问题。该款保险作为农村金融创新产品,得到市人民银行的大力推荐,将进一步加快小额贷款保险业务的推广。

二、保额不低于贷款额度

据介绍,小额贷款保险的投保为客户自愿,在向银行申请小额贷款时进行投保。保额不低于贷款额度,最低保额 3 万元,保费为 60 元。如果客户有需要,可以适当提高保额。在贷款人发生赔付的情况下,保险公司就会根据保险条款,先将贷款偿还给发放贷款的信用社、银行等金融机构,多余的部分则赔付给客户指定的受益人。

目前,中国人寿推出的小额贷款保险主要对象还是广大农户,中小企业主的小额贷款同样适用这一险种。由于小额贷款保险价格低,当农民遭遇困境时,及时到位的赔付款不仅能保证银行收回贷款,而且能解农户的燃眉之急,受到银行支持的同时,也受到广大农户的欢迎。今年以来,市中国人寿公司已实现小额贷款保险保费收入 32 380 元。

三、银保农三方受益

市保险行业协会相关负责人指出,小额贷款保险的提出,化解了银行经营风险,打消了放贷顾虑,有利于提高银行放贷的积极性。而对于农户来说,不仅让贷款更加容易,而且还进一步激发了其自主创业的热情。保险公司找到了新的业务增长点,实现了银行、农户和保险公司的三赢。

据了解,为进一步做好小额贷款保险工作,市中国人寿公司规范操作流程,提高理赔效率。公司服务人员积极协助农户办理报、结案等理赔手续,小额贷款保险的理赔,只要情况属实、手续齐备,就以最快速度给予赔付。

资料来源 党情:《投保贷款农户出意外,保险公司还贷款》,遂宁新闻网,2010-05-18。

六、贷款申请表

为帮助农户更好地了解有关保证贷款，现将有关文件范本列示如下，见表5—1。

表5—1　　中国邮政储蓄银行"好借好还"商户保证小额贷款申请表

一、借款人基本信息

姓　名		性　别	□男　□女	年龄	岁			
身份证号码								
婚姻状况	□未婚　□已婚有子女　□已婚无子女　□离异　□丧偶							
教育程度	□研究生及以上　□大学本科　□大专/高职　□高中/职高 □初中及以下							
户籍所在地		居住地址						
住宅电话		手　机						
家庭人数	人							

二、借款人经营信息

商户（企业）名称		
地　址		办公电话	
组织类别	□ 个体工商户　□ 个人独资企业 □ 有限责任公司	经营年限
营业执照号		
主营业务		
主要合伙人		

三、贷款申请信息

申请额度	人民币（大写）拾 万 仟 佰圆整	金额 （小写）	拾万	万	仟	佰	拾	元
							0	0

续表

借款用途类型	生产	□1-农业 □2-林业 □3-牧业 □4-渔业 □5-农、林、牧、渔服务业 □6-个体户及个人经营 □9-其他		
	消费	□1-住房 □2-个人住房装修 □3-助学 □4-汽车 □5-旅游 □9-其他		

借款详细用途		贷款期限	月
还款方式	□到期一次还本付息（贷款期限3个月内可选）□等额本息还款法 □阶段性还款法		
放（还）款账户户名		账　号	

四、借款人历史信息

1. 借款经历（包括银行和私人借款）

债权人	借款金额	利率	期限	借款日期	借款余额	用途

2. 近3个月主要家庭支出

开支项目	金额	日期

五、保证人基本信息

保证人一

姓　名		性　别	□男 □女	年龄		婚姻状况	
身份证号码							
户籍所在地		居住地址					
联系电话		工作单位					
月收入（元）		与借款人关系					

保证人二

姓 名		性 别	□男 □女	年龄		婚姻状况	
身份证号码							
户籍所在地			居住地址				
联系电话			工作单位				
月收入（元）			与借款人关系				

借款人和保证人声明及承诺

1. 我承诺以上所填信息完全属实，且按规定报送贵行留存的资料复印件属实；

2. 我承认本申请表作为向贵行申请贷款的依据，无论银行是否贷款，银行均有权保留此申请书；

3. 经贵行审查本申请不符合规定的条件而未予受理时，我没有异议；

4. 本人授权邮政储蓄银行在本次业务过程中（从业务申请至业务终止），向中国人民银行个人信用信息基础数据库及信贷征信主管部门批准建立的其他个人信用数据库或有关单位、部门及个人查询并留存本人的信用信息，并将本人信用信息提供给上述个人信用数据库，查询获得的信用报告限用于中国人民银行颁布的《个人信用信息基础数据库管理暂行办法》规定用途范围内；

5. 保证人已明确知道，如果借款人不能及时偿还全部贷款本息时，保证人应当替其偿还；

6. 我和我的家人（包括共同生活的配偶、子女、父母）承诺为借款人提供连带责任担保，我和我的家人的全部财产并没有分别所有的约定和划分。

申请人签字：_____ 申请人配偶（主要财产共有人）

签字：_____

配偶身份证件号码：_____

保证人一签字：_____ 保证人二签字：_____

年 月 日

第三篇

农户贷款种类（2）

第六章　农户种植贷款

农家金融

辽宁兴城农信联社金融创新，支持发展大棚蔬菜

一、大棚物权抵押贷款，破解农民资金难题

户外寒风阵阵，菜棚里却暖意融融、绿意浓浓。兴城市海滨满族乡王屯村农民王春林正在棚间劳作。王春林种了4座大棚蔬菜，2009年收入超8万元，2010年菜价高，收入更高。

王春林是个实在人，他介绍说，以前自己也想过搞大棚蔬菜，但扣一个高标准冬暖式大棚，需要10来万元，自己种了这么多年地，也没攒下多少钱。贷款也想过，可没有抵押物让他屡次碰壁。"要不是这两年农信社贷款支持，俺们根本发不了这棚菜财。"

2009年，兴城市农村信用合作联社联合政府进行金融创新。农户五户联保向农信社贷款建蔬菜大棚，县、乡两级政府对蔬菜大棚发放物权证，农户把大棚物权证抵押给农信社，这下可解决了王春林们的大难题。

海滨乡党委书记郑艳春介绍说，通过这种方式，农信联社为每个大棚贷款3万元，去年每个大棚蔬菜生产户人均增收6 000多元。兴城市农村信用合作联社理事长李刚告诉记者，今年前10个月，农信联社累计贷款2.2亿元，支持全市2 760户农户新建3 600个高标准温室大棚。

兴城市农发局局长云彩宽介绍说，以前，兴城很多土地包括水浇地到了冬天基本上都闲着，现在资金瓶颈突破后，很多农民都发展大

棚蔬菜、海水养殖、食用菌生产等产业项目，冬季农产品供应淡季不淡。兴城市副市长赵志民告诉记者，农信社通过金融创新支持农产品生产，对于保证供应，稳定物价发挥了重要作用。

二、农业产业快速发展，大量农村剩余劳动力域内就业

大棚蔬菜等农业产业的快速发展，除了保供给促增收，还有力地促进了农村就业。

"兴城市海滨乡李金村农民李博招工人若干名，在蔬菜大棚工作，月工资 1 500 元。"今年春天，一则在葫芦岛电视台播放的广告引起了很多人的注意。

"以前只听说各类企业招农民工，而今却是农民招工人，而且工资待遇都还不错。"这是怎么回事？人们议论纷纷。原来，李博是海滨乡返乡创业的农民工，通过土地流转，今年他扣了 70 个大棚。这么多大棚急需招人打理。李博在周边乡村找了一圈，没招到几个人，因为很多农户都建起了自己的大棚。左思右想之后，李博决定在电视台打招聘广告，在葫芦岛全市范围内招工。

兴城市劳动保障局局长吴忠权告诉记者，快速发展的农业产业成为兴城农村剩余劳动力域内就业的一条重要途径，兴城市光 2010 年新建的蔬菜大棚，就带动了 1 万名农村剩余劳动力稳定就业，21 000 名农民到大棚进行季节性打工。这两年，很多外出务工人员、农村大学生都加入到农业产业发展中来。

资料来源　顾仲阳：《辽宁兴城农信联社金融创新，支持发展大棚蔬菜》，人民网，2010-12-19。

一、贷款介绍

农户种植贷款是专为农村从事种植方面的农户发放的贷款，种植贷款是农户贷款中较为普遍的品种，具体有蔬菜种植贷款、经济作物种植贷款、特产种植贷款、规模种植贷款等多个品种。

有的银行将农户种植贷款分为小额和大额两种，额度起点均为 1 000 元。小额贷款用于满足农户一般种植、养殖、购置农机具等资

金需求；大额贷款专门针对从事大宗种、养殖业的专业户、农村合作组织的生产经营活动，额度可根据实际情况确定。贷款期限为 1~3 年，其中农户种植贷款可跨年使用。

发放速度快的，每笔贷款从申请到发放仅为 2~3 天，放贷时有的还采用集中上门送贷的方式，使农民足不出户即可获得贷款。例如，哈尔滨银行还在放款区域以村为单位，张贴农户贷款须知公告，公布信贷区域经理及信贷员的联系方式、农贷相关规定条款、监督电话等信息，有效防止了冒名骗贷现象发生等。

二、蔬菜种植贷款

1. 概况

农户蔬菜种植贷款对象是指从事蔬菜种植的农户；一般来说，农户蔬菜种植包括棚膜蔬菜种植和非棚膜蔬菜种植。棚膜种植是指利用温室大棚或用地膜覆盖菜田等新型种植方式。非棚膜种植是指农户种植应季蔬菜的传统耕作方式。

蔬菜种植的品种包括：白菜、土豆、萝卜、大葱、大蒜、黄瓜、西红柿、豆角、茄子、韭菜、芹菜等。各地各信用社对可以提供贷款的蔬菜品种的规定会有所不同。

农户蔬菜种植贷款主要用于购建温室大棚支出、购买生产资料、人工费用等。购建温室大棚包括购建原材料和人工费用等。生产资料包括种子、化肥、地膜、农药、水电费和燃料费等。人工费用包括翻地、播种、管理、运输等费用。

2. 条件

借款申请人除具备农户贷款基本条件外，还应同时具备以下条件：

（1）有从村委会或其他土地使用权人依法获得的土地温室大棚承包经营权，从其他使用权人手中承包的土地或温室大棚，须有承包合同，并已交足当年承包费用；

（2）有种植项目的技能、生产经验和劳动管理能力；

（3）种植的蔬菜品种适销对路，有较大的市场需求。

3. 贷款额度和期限

贷款额度根据蔬菜种植面积、品种及自有资金投入等情况确定，有的规定，最高不超过资金投入总额的70%。

贷款期限按生产经营周期、销售结算期和综合还款能力确定。例如，有的金融机构规定，最长期限为：棚膜蔬菜半年；非棚膜蔬菜一年；购建温室大棚三年。

贷款实例

辽宁台安县农村信用社发放设施大棚贷款

辽宁台安县农村信用社在发放设施大棚贷款方面，做得较好，我们对其规定进行了解如下，从中可以看出大棚贷款的主要特征，从而可以考虑自己是否也能向当地信用社申请这种贷款。

台安县农村信用社设施大棚贷款的发放条件是：

1. 本地区农村户口，具有完全民事能力。

2. 无不良记录。

3. 有还贷能力的农户。

4. 采取3户或3户以上联保方式到本地信用社申请办理设施大棚贷款。

咨询人如符合贷款条件可以持本人身份证到本地农信社去办理贷款。台安县农村信用社按照国家政策，只能是对符合贷款条件的农户进行资金扶持，没有贷款补助的义务。

另外，在遭受雪灾等灾害时，台安县依据所在地政府提供受灾农户名单，信用社审核确认，还发放灾后重建贷款。对此，县联社出台了《台安县农村信用合作联社贷款扶持设施农业生产自救方案》，对墙体倒塌、其他设施未损坏的给予3 000元贷款扶持；对墙体倒塌、钢筋骨架损坏的给予7 000元贷款扶持；对墙体倒塌、钢筋骨架损坏、草苫子腐烂的给予12 000元贷款扶持；

对传统种植业受灾，秋季想搞设施种养业的农户给予每延长米150～200元的贷款支持。

贷款限制对象：

1. 对恶意拖欠农村信用社贷款本息的农户，特别是拖欠设施农业贷款户不予贷款扶持。

2. 超过自身偿债能力的不予贷款扶持。

三、农户规模种植贷款

1. 概况

农户规模种植贷款以从事规模种植的县域个人为借款对象，为弥补其生产（含配套设施建设）资金不足的贷款。农户规模种植贷款以大宗粮食、经济作物种植农户为主要客户，重点投向对象为：

（1）抗旱、排涝、灌溉、防风等农业基础设施配套齐全的区域；

（2）地连片便于大规模机械化作业和集约化经营的区域；

（3）历史上自然灾害低发、农作物高产稳产的粮食主产区和具有专业化市场带动的棚室种植区域；

（4）有国际国内行业排名前10名的名牌企业带动辐射或订单生产的经济作物种植户。

2. 条件

农户规模种植贷款的一般性条件为：

（1）有通过合法渠道取得的土地承包经营权。

（2）借款申请人需具备2年以上的种植经验。

（3）有明确的生产经营计划、可行的发展方案以及稳定、畅通的产品销售渠道。

借款申请人种植的土地必须享受国家或地方政府的相关补贴政策。有的银行还规定，种植面积旱田不小于200亩或种植水田不小于100亩。

3. 额度和期限

贷款额度最高不超过300万元，贷款期限最长不超过3年。这是比较普遍的规定，各地会有所不同。

贷款实例

哈尔滨银行进军农村市场　农户种植贷款可跨年使用

作为专门从事中小企业贷款的银行，哈尔滨银行近年来进军农村金融市场。2005 年以来，该行开办了农户贷款业务，并形成了独具特色的农贷服务模式。截至目前，该行累计投放农户贷款 95.31 亿元，计 39.6 万余笔，为新农村建设提供了有力支撑。

据介绍，哈尔滨银行投放的农户贷款是专为农村从事种植、养殖、农村服务业、农业科技项目及购买农机具的农户发放的贷款。该行针对部分地区的养殖大户、种植大户的资金需求设计开发了农户养殖业、种植业贷款产品；针对购买农机的农户设计开发了农机具贷款产品；针对农产品收购、初加工等与农业生产相关行业的资金需求，设计开发了农户服务业贷款产品；针对国营农场管理体制特点，设计开发了农场农户零售贷款、批量贷款和农户组合联保贷款；特别是为适应一些地区农村剩余劳动力转移的需要，推出了农民工出国务工信用贷款，有效满足了农村生产、流通、创业等贷款需求。

该行农户贷款分为小额和大额两种，额度起点均为 1 000 元。小额贷款用于满足农户一般种植、养殖、购置农机具等资金需求；大额贷款专门针对从事大宗种养业的专业户、农村合作组织的生产经营活动，额度可根据实际情况确定。贷款期限为 1～3 年，其中农户种植贷款可跨年使用。

该行每笔贷款从申请到发放仅为 2～3 天，放贷时采用集中上门送贷的方式，使农民足不出户即可获得贷款。该行还在放款区域以村为单位，张贴农户贷款须知公告，公布信贷区域经理及信贷员的联系方式、农贷相关规定条款、监督电话等信息，有效防止了冒名骗贷现象发生等。

目前，农户贷款已占该行贷款总额的 20%，据统计，去年哈尔滨地区农户贷款投放的 98 亿元中，哈尔滨银行投放 50 亿元。

资料来源　罗中林、李播：《哈尔滨银行进军农村市场　农户种植贷款可跨年使用》，载《黑龙江日报》，2008-09-12。

四、农户特产种植贷款

1. 概况

农户特产种植贷款是指向农户发放的用于农林特产种植经营所需资金的贷款。贷款对象为从事农林特产种植的农户。农户特产种植贷款用途为购买种子、种苗、化肥、农药、农膜等所需资金及栽种、管理、销售、雇工等费用。

农户特产种植贷款主要包括：

（1）经济作物类：烟叶、葵花、辣椒、花生、花草、苗木、山野菜、蓖麻、芝麻、打瓜、地瓜等；

（2）中草药类：人参、五味子、贝母等；

（3）水果类：香瓜、西瓜、葡萄、苹果、梨等；

（4）菌类：木耳、蘑菇（香菇、黄蘑、滑子蘑）、灵芝等。

各地对什么属于当地特产会有不同规定，在一个地方属于特产的在另一个地方可能就不属于特产，而在一个地方不属于特产的在另一个地方可能又属于特产，所以，具体应向当地银行和信用社咨询。

2. 条件

借款人除具备农户贷款基本条件外，必须同时具备下列条件：

（1）有依法获得从事农林特产种植所需五年以上承包权的土地或林地；

（2）有从事生产项目种植经验和管理能力；

（3）生产经营项目产品市场价格稳定，需求旺盛；

（4）生产周期超过三年的特产种植，自有资金应达到 50%以上。

3. 额度和期限

贷款额度根据种植作物品种、面积、投入及自有资金等情况确定，一般最高不超过种植作物投入的70%。

贷款期限根据生产周期、销售结算期和综合还款能力确定。按种植作物的不同，最长期限为：

（1）经济作物类：烟叶、葵花、辣椒、花生、山野菜、蓖麻、芝麻、打瓜、地瓜等一年；花草、苗木等二年。

（2）中草药类：人参、五味子、贝母等五年。

（3）水果类：香瓜、西瓜半年；葡萄、苹果、梨等五年。

（4）菌类：木耳、蘑菇（香菇、黄蘑、滑子蘑）、灵芝等一年。

农户特产种植贷款一般按照利随本清或按季结息、到期还本的方式偿还。

🌾 **贷款实例**

农业贷款扶持大连特色生姜产业

2010年5月，大连市的农业产业化龙头企业大连仁禾集团与哈尔滨银行大连分行、大连博仁投资担保公司达成"'企业+农户'农业贷款长期合作协议"，扶持我市优势特色生姜产业发展。对于想扩大生姜生产的庄河广大姜农来说，这无疑是一个雪中送炭的利好消息。

仁禾集团是集生姜种植、收购、储藏、深加工、销售于一体的农业产业化重点龙头企业，推行"公司+基地+协会+农户"的农业生产经营模式，带动庄河农民大面积发展生姜生产。由于大连生姜品质好、销路畅，被市政府列为优势特色农业产业。

仁禾集团负责人告诉记者，近年来，由于农产品价格的一路上扬，庄河的姜农生产积极性高涨，但制约姜农扩大生产规模的一个重要因素就是融资难。记者了解到，由于农村金融体系缺乏风险分散和分担机制，造成了农户"贷款难"。

此次仁禾集团与银行、担保公司达成的农业贷款长期合作协议，目的就是想有效地解决担保抵押问题，增强农村信贷双方的抗风险能力，使农户、企业、银行和担保方互惠互利，实现共赢，从而进一步做大我市的生姜产业，延伸生姜精细加工，把大连生姜推向国内外市场。

根据合作协议，哈尔滨银行大连分行，将对仁禾集团收购的生姜种植农户开展农贷业务，用于购买生姜、化肥、农药等种植所需的农资产品，辅以农民五户联保、担保公司担保和生姜收购企业担保。

资料来源　邵海峰：《"企业+农户"农业贷款扶持大连特色生姜产业》，东北新闻网，2010-05-12。

五、贷款申请书

办理贷款的申请书请见如下范本：

借款申请书（一）

××信用社：

具申请人×××，男，现年××岁，身份证号：××××××，住辽宁××××，现有人口2人，从事甘蔗种植，因目前资金周转困难，特向农村信用合作联社申请借款×××万元，期限×年，还款来源：销售收入，并作如下郑重承诺：

一、保证借款用途真实性，不作它用。

二、认证履行借款合同中的相关约定。

三、由夫妻及财产共有人共同偿还。

四、愿以家庭共有财产作为连带责任担保。

五、保证按季结息、否则自愿计收复利，到期还本。

六、以上承诺如不能履行，自愿承担一切经济、法律责任。

七、还款计划：2014年年底一次性付清。

申请人：×××

2012年3月8日

借款申请书（二）

_____银行：

我是_____，现从事（或在）_____经营（单位工作），因购买_____需要（具体用途），特向贵公司申请借款人民币_____万元（大写），期限_____，以_____方式作为担保，以_____作为还款来源，并确保按时偿还贷款本息。

借款申请人：（签字并盖章）

申请日期：　　年　月　日

借款人基本情况表

<table>
<tr><td rowspan="6">户主资料</td><td>姓名</td><td></td><td>出生日期</td><td></td><td>性别</td><td></td><td rowspan="2">照片</td></tr>
<tr><td>文化程度</td><td></td><td>婚姻情况</td><td></td><td>家庭</td><td></td></tr>
<tr><td>住址</td><td></td><td></td><td>联系电话</td><td></td><td></td></tr>
<tr><td>家庭月均收入总计（元）</td><td></td><td></td><td>户籍所在地</td><td></td><td></td></tr>
<tr><td>住宅面积</td><td></td><td></td><td>承包土地面积</td><td></td><td></td></tr>
<tr><td>家庭已发生借款每月还款额（元）</td><td></td><td></td><td></td><td></td><td></td></tr>
<tr><td rowspan="2">配偶资料</td><td>姓名</td><td></td><td>联系电话</td><td></td><td></td><td></td><td></td></tr>
<tr><td>身份证号</td><td></td><td></td><td></td><td></td><td></td><td></td></tr>
<tr><td rowspan="2">家庭其他成员</td><td>姓名</td><td>出生日期</td><td>工作单位</td><td>身份证号</td><td colspan="3">联系电话</td></tr>
<tr><td></td><td></td><td></td><td></td><td colspan="3"></td></tr>
</table>

续表

家庭资产情况	种植品种数量	
	养殖品种数量	
	经营项目	
	加工产品	
	其他	

借款人声明及承诺函

哈尔滨市南岗区南联小额贷款股份有限公司：

本人自愿向贵公司申请贷款_____元，用于_____。

在此郑重声明：愿意提供相应的证明文件并保证所填报内容均属实，若有故意隐瞒或提供虚假情况，本人愿意承担由此产生的一切法律后果。

本人授权贵公司向中国人民银行个人信用信息基础数据库查询及报送本人的信用报告。上述报告仅用于贵公司审核本人贷款申请，对已发放的小额贷款进行贷后风险管理，由此产生的法律责任由我个人承担。

本人授权贵公司在借款合同签订生效后，将贷款直接划给_____（收款人）开立的账户中（账号_____）。

本人委托贵公司按还款期从本人账户中扣收应偿还贷款本息和逾期贷款本息及罚款。

本人承诺：

1. 自愿按贵公司相关规定办理贷款，严格履行借款合同约定，按期还本付息，如未履行合同条款，贵公司有权拍卖或者以其他方式处置抵（质）押物。

2. 如本人联系方式、工作单位、居住地点等个人信息变化，在变化两日内通知贵公司。

借款申请人：（签名）（指模）

年　月　日

借款人配偶同意书

鉴于　　　　　（借款人）因　　　　　　　　向贵公司申请贷款，本人作为借款人配偶，我愿意共同承担还款责任，直至贷款本息全部偿还完毕。本人授权贵公司向中国人民银行个人信用信息基础数据库查询及报送本人的信用报告。上述报告仅用于贵公司审核本人作为共同申请人，对已发放的小额贷款进行贷后风险管理。由此产生的法律责任由我个人承担。

同意人（借款人配偶）：（签名）（指模）

年　　月　　日

承诺

哈尔滨市南岗区南联小额贷款股份有限公司：

经夫妻双方协商，采用＿＿＿＿＿＿方式对贷款进行担保。若采用抵押物方式，如借款人未按期全额履行还款义务，同意贵公司对抵押物进行拍卖，拍卖所得价款优先偿还全部贷款金及利息，以及涉及的其他相关费用。

承诺人：

年　　月　　日

第七章　农户养殖贷款

农家金融

600万元贷款助推农户发"牛财"

近年来，县农村信用联社华来分社每年整合600多万元资金支持当地农民发展养牛业，拓宽农民增收渠道，每年可为农民增收500多万元。

2009年，县农村信用联社华来分社为了助农增收，拿出15万元贷款帮助华来镇碑登村村民高洪彬家建起200平方米的养牛棚，养牛47头，净挣达16万元。在此项产业获得成功后，该社采取典型引路的方式，先后投放300多万元贷款，利用两年时间帮助华来镇地区10户农民发展养牛300多头，推动农民年获利近百万元。

2012年，为了支持更多的农户发展养牛业，该社又整合资金600万元，支持刘贵富等20多户村民发展圈养育肥牛1 500头，使华来镇地区真正成为我县育肥牛的养殖基地。预计2012年仅此一项可为该地区农民增收500多万元。

资料来源　张春雷：《600万元贷款助推农户发"牛财"》，中国桓仁政府信息网，2012-05-28。

一、贷款介绍

1. 概况

农户养殖贷款是指向农户发放的用于养殖业生产经营所需资金的贷款。农户养殖贷款对象为从事养殖业的农户。农户养殖贷款用途为购买种雏、仔畜、鱼苗、饲料等所需资金及防疫、管理、销售、雇工等费用。

2. 养殖种类

（1）家禽类：土鸡、乌鸡、三黄鸡、番鸭、麻鸭、蛋鸭、鸭苗、鹅、其他家禽。

（2）家畜类：猪、羊、马、耕牛、奶牛、育肥牛、鹿、狗、野猪、驴、骡、狐狸、貉子、貂、兔等；生猪、三元猪、长白猪、香猪、野猪、肉驴、种驴、驴苗、鲁西黄牛、西门塔尔牛、牦牛、高产奶牛、波尔山羊、黑山羊、小尾寒羊、白山羊、绵羊、山河马、其他家畜。

（3）特种养殖动物：藏獒、蛇、竹鼠、獭兔、白羽王、野山鸡、孔雀、其他特种养殖动物。

（4）鲜活水产品：鱼类、虾类、蟹类、龟鳖类、贝类、藻类、特种水产。

（5）昆虫类：蜜蜂、蚕等。

3. 贷款种类

农业养殖贷款分两种：一是农户有自己的注册公司，可以以公司的名义向农行、农发行、农村信用社及其他商业性银行申请贷款，但一般要提供保证担保或抵（质）押担保。二是农户没有自己的注册公司，以个人名义申请贷款时，最好到当地的农村信用社办理，他们的一项主体业务就是解决农村个人贷款需求。目前国家对养殖行业是有补贴的，但主要集中在猪、鸡等关系民生的项目上。

🌾 **贷款实例**

辽宁铁岭市农村信用社投放养殖业贷款6亿元

铁岭市农村信用社按照打造全省畜牧产业第一市的目标，重点加大了对养殖业贷款的投放力度，目前已累计向农民投放养殖业贷款6亿元，支持生猪、肉牛、肉鸡三大主导产业开发。

　　为加大对养殖业贷款的投放力度，今年年初，铁岭市农村信用社做到早安排、早谋划、早部署，通过组织存款、申请支农再贷款、同业融资、清收到期逾期贷款等多种渠道筹集资金，并在第一时间下发到用户手中。在整村推进扩大农户小额信用贷款和农户联保贷款的同时，不断探索和开发新的金融产品，扩大林权抵押、农机具抵押贷款试点范围，尝试开办土地承包经营权抵押贷款。优先支持生猪、肉牛、肉鸡畜牧业三大主导产业的开发，充分发挥信贷杠杆作用，突出支持农事龙头企业发展，对能发挥带动作用的农产品生产加工基地和具有市场竞争力的龙头企业给予大力扶持。全社设立了农贷窗口，各基层社建立了农贷绿色通道，设立了信贷服务咨询台，为农民贷款提供方便。

　　资料来源　张冬凡：《辽宁铁岭市农村信用社投放养殖业贷款6亿元》，辽宁金农网，2010-06-04。

二、有关规定

　　1. 贷款额度

　　农户养殖贷款额度根据养殖品种、数量、饲养费用及自有资金等情况确定，除圈舍、池塘等基础设施投资外，授信额度不超过养殖项目投入的70%。

　　2. 贷款期限

　　农户养殖贷款期限按生长周期、销售结算期和综合还款能力确定，按照养殖种类和品种不同，最长期限为：

　　（1）畜牧类：

　　①育肥猪、育肥牛半年；

　　②野猪、狗、狐狸、貉子、貂一年；

　　③能繁母猪一年半；

　　④羊两年；

　　⑤耕牛、鹿、奶牛、马、驴、骡等三年。

　　（2）禽类：肉食鸡半年，蛋鸡、山鸡、鸭、鹅等一年。

　　（3）水产类：鱼、林蛙等三年。

（4）昆虫类：蜜蜂、蚕半年。

三、贷款条件

1. 一般规定

借款人除具备农户贷款基本条件外，必须同时具备以下条件：

（1）有养殖所需的圈舍、池塘等基础设施；

（2）有养殖经验和管理能力，掌握养殖技术；

（3）养殖项目适销对路，发展前景广阔；

（4）有一定的养殖规模。

2. 举例

以下是某银行对养鸡贷款的要求条件。

关于自动化肉鸡养殖贷款，需提供的材料如下：

（1）自动化肉鸡养殖向财政局申请的批文复印件。

（2）以下资料请必须提供（由基层协会和企业提供）：

①银行要求的《委托担保申请书》。

②养鸡经营地租赁合同，鸡舍租赁协议、付款证明（收据或发票）。

③申请人及配偶的征信报告（由农户授权银行查询，农户需提供《个人征信查询授权书》）。

④申请人及配偶身份证复印件，申请人暂住证（如申请人为非北京市户口），申请人户口本，结婚证复印件。

⑤与当地养鸡协会、华都肉鸡、大发肉鸡签订的供鸡合同，缴存养鸡保证金收据，养殖保险保单。

⑥现有银行贷款的借款合同。

（3）关于财产状况方面的资料。

①《借款人家庭财产清单》。

②申请人及配偶名下房产的购房协议、房屋所有权证、付款凭证、贷款协议。

③申请人及配偶名下拥有的交通工具的行驶证件、购买发票、贷

款协议。

（4）关于反担保措施方面的资料（请根据所选反担保方式提供）。

房产抵押：房屋所有权证、购房合同及购房支付凭证复印件。

四、注意事项

养殖业贷款需进行贷前贷后的一些检查，农户申请时需注意了解。

1. 贷前调查

信用社受理借款申请后，会对农户进行实地调查，重点调查以下内容：

（1）借款人养殖圈舍、设备、设施的购置、建设情况；

（2）借款人养殖技术、管理能力、养殖经验等情况；

（3）养殖品种市场需求、未来发展情况及养殖项目可行性；

（4）借款人资产情况、负债情况及近两年收入、支出等情况；

（5）借款自有资金投入情况及资金缺口等情况；

（6）联保人、保证人担保资格、能力及抵（质）押物情况等。

2. 贷后检查

信用社发放养殖贷款后，还会进行贷后检查：

（1）首次检查一般在放款后的一个月内进行，重点检查借款人养殖贷款是否按规定使用，查看种雏、仔畜、鱼苗、饲料等是否购买，养殖品种初期生长情况等。

（2）后续检查重点检查养殖品种管理情况、生长情况、防疫情况、出售情况；检查借款人家庭资产变化情况，是否存在不利于贷款到期偿还的情况；联保人、保证人保证能力是否下降；抵（质）押物有无变化等。

五、贷款申请书

农户申请养殖贷款时，需提交的申请书范本如下：

借款申请书（一）

××银行：

本人是××省××市××县××乡××村人，目前家里的资产有：位于×××的房屋××平方米，价值××万元，……（介绍一下自己的经历和资产负债情况）

为发展经济，我想在家乡承包一片树林养羊100只。（介绍一下养羊需要多少钱，一年能赚多少钱，有没有足够的钱归还银行借款）

现申请借款××万元用于××××，用××××抵押或由××担保，期限一年，到期后用××归还。

请批准。

申请人：×××
年 月 日

借款申请书（二）

中国农业银行股份有限公司××支行：

本人（或本单位）因养殖××需要，自有资金不足，特向贵行申请贷款××万元，期限××月，本人愿意根据贵行要求落实贷款手续，并接受贵行监督。

特此申请。

申请人：×××
年 月 日

第八章 林权抵押贷款

农家金融

辽宁：林农将获林权抵押贷款担保　"借钱"不再难

有了贷款担保公司，林农"借钱"不再难。12月23日，记者从本溪市了解到，辽宁省首家以林权抵押贷款担保为主要业务的担保公司辽宁华兴融资担保有限责任公司正式成立，这意味着制约林权抵押贷款借贷双方业务开展的瓶颈问题将得到有效解决。

本溪市是辽宁省集体林权制度改革试点市，自2005年改革全面启动以来，各项工作顺利推进，各项配套政策持续深化，呈现出资源增量、林业增效、农民增收的良好发展态势。目前，本溪市林业产值已突破100亿元大关。

尽管本溪市有巨大的森林资源，但是因为没有担保，以林抵押贷款的业务发展艰难，放贷量很小，且只有农村信用社和城市商业银行涉足，其他金融机构还没有开展这项业务。一方面，广大林农急需得到贷款支持；另一方面，银行等金融机构有资金却不敢放贷，急需有实力、有资质、有信誉的担保机构来担当"红娘"，搭建供需平台。

在这样的背景下，辽宁华兴融资担保有限责任公司正式成立，为本溪市深化林权配套改革、推进林业融资体系建设打开了新局面。据介绍，华兴公司将为发展林业产业的林农或企业提供林权抵押贷款担保，并计划通过业务的拓展，以拍卖、转让、入股、租赁等方式收储集体、个人经营的森林资源，组织或加入林业经济合作组织，开展林业基地建设和林副产品加工等。华兴公司的成立，既为广大林农争取林权抵押贷款提供了强有力的支持，也有效地化解了各金融机构一直担心的贷款风险问题，为借贷双方互利双赢搭建了平台、提供了保障。

资料来源　陶阳：《辽宁：林农将获林权抵押贷款担保　"借钱"不再难》，国务院振兴东北办公室网，2010-12-24。

林权抵押贷款是指以森林、林木的所有权（或使用权）、林地的使用权，作为抵押物向金融机构借款。林权抵押贷款利率不超过基准利率的 1.5 倍。林权抵押贷款业务的创新之处在于，它打破了长期以来银行贷款抵押以房地产为主的单一格局，引入了林地使用权和林木所有权这一新型抵押物，使"沉睡"的森林资源变成了可以抵押变现的资产。

一、林权介绍

1. 林权的含义

林权就是拥有森林、林木和林地的一项权利，这种权利分为很多种，包括占有的权利、使用的权利、收益的权利以及处分的权利，都可以归入林权当中。林权是农民一项非常重要的财产权。《担保法》规定："农民承包林地的经营权可以作为抵押。"所以，农户可以将林权作为抵押或担保，也就是说，农户将其拥有的森林、林木的所有权或使用权和林地的使用权作为抵押物，向银行、农村信用社等金融机构借款；或者农户的亲朋好友想去银行借款，找农户做担保人的时候，农户可以用自己的林权作为担保，这样自己的亲朋好友就能贷到款了。

2. 林地使用权和林地承包经营权的区别

（1）法律依据不同。林地使用权是森林法上使用的概念，而林地承包权是物权法上承包经营的概念，也就是说，这两个概念分别出现在不同的法律里。

（2）具体内涵不同。林地使用权的主体可以是国家、集体或个人，客体可以是国有林地和集体林地，集体林地又有自留山和责任山、统管山之分。也就是说，国家、集体和农户个人都可以拥有林地使用权，而拥有使用权利的林地可以是国家的，也可以是集体的。林地承包经营权则是农民对于自己承包经营的林地（俗称责任山）享有的权利。

可以看出，林地使用权的范围要比林地承包经营权宽泛。

3. 林权中的抵押范围

林权贷款中，并不是所有林权都能用作抵押的。

（1）可以抵押的林权。

可作为贷款抵押物的森林资源资产有：

第一，用材林、经济林、薪炭林；

第二，用材林、经济林、薪炭林的林地使用权；

第三，用材林、经济林、薪炭林采伐迹地、火烧迹地的林地使用权；

第四，有关法律法规规定的其他森林、林木和其他使用权。

（2）不可以抵押的林权。

需要注意的是，有些林权是不可以抵押的。《森林资源资产抵押登记办法（试行）》第九条第一款第六项规定："以家庭承包形式取得的集体林地使用权不得抵押。"《最高人民法院关于审理涉及农村土地承包纠纷案件适用法律问题的解释》第十五条规定，承包方以其土地承包经营权进行抵押或者抵偿债务的，应当认定无效。

为什么农户以家庭为单位承包集体林地的使用权不能抵押呢？法律如此规定是有原因的：

第一，抵押权的实现会导致承包经营权主体的变更。当农民无力偿还债务时，林农赖以生存的林地将作为抵押财产折价、拍卖或变卖，农民面临生活失去保障的危险，为顾及农民的利益，法律限制林地承包经营权抵押。也就是说，一旦农户将自己家承包集体林地的使用权作为了抵押物，如果还款出现问题，那么农户就没有生活来源了，这也是为了保障农户最基本的生活而考虑的。

第二，抵押权的实现会导致所有权主体的变更。当林权抵押实现时，林地的所有权会从集体所有变为国家所有，林地用途亦有可能改变。对于农用地来说，这些在严格土地管理和实施用途管制的情况下都是不允许的。也就是说，一旦农户将自己家承包集体林地的使用权作为了抵押物，那么这个林地就不再是集体的了，而变成国家的了，如果林地变成国家的了，那么有可能这些林地会被拿去盖房子，这就违背了农户的根本利益。所以，国家法律规定以农户家庭为单位承包集体林地的使用权不能作为抵押。

二、贷款介绍

辽宁省农村信用社于 2008 年 2 月开始办理林权抵押贷款。

1. 贷款对象

林权抵押贷款对象包括从事林业经营的经工商行政管理机关（或主管机关）核准登记的企事业法人、其他经济组织、个体经营户及具有完全民事行为能力的自然人。

林权抵押贷款主要用于借款人从事林木、林地经营活动的流动资金需要。严禁发放垫付自有资金性质的林权抵押贷款；严禁发放与林木、林地经营活动无关的林权抵押贷款（林农小额贷款除外）。

2. 贷款条件

农户申请办理林权抵押贷款除应符合《辽宁省农村信用社信贷管理基本制度》规定的基本条件外，还应具备以下条件：

（1）依法从事林业经营活动；

（2）有合法林权作抵押，且抵押率在 50% 以内；

（3）资信良好，遵纪守法，无不良信用及债务记录，例如，辽宁省农村信用社规定，农户信用评级需在 BB（含）级以上；

（4）在信用社开立存款账户；

（5）经办机构规定的其他条件。

农户以外的其他借款人申请办理林权抵押贷款除应符合《辽宁省农村信用社信贷管理基本制度》规定的基本条件外，还应具备以下条件：

（1）依法从事林业经营活动；

（2）有合法林权作抵押，且抵押率在50%以内；

（3）法人客户资产负债率在50%（不含）以下；

（4）法人客户借款总额不超过其上年度销售收入的50%。

以林权作抵押，抵押人应向抵押权人出具由县级（含）以上人民政府颁发的《中华人民共和国林权证》及载有拟抵押林权的林地类型、坐落位置、四至界址、面积、林种、树种、林龄、蓄积等内容的相关资料供抵押权人审核。

以合法的集体所有的林权抵押，必须经集体经济组织代表会议或村民代表会议审议通过。以实行公司制的企业法人所有的林权抵押的，必须经董事会或股东大会审议通过。以共有的林权抵押的，抵押人应当事先征得其他共有人的书面同意。

3. 贷款额度、期限、利率与结息方式

《担保法》第三十五条规定："抵押人所担保的债权不得超出其抵押物的价值。"林权究竟值多少钱要根据不同的省份而定。

申请林权抵押贷款额在10万元以上的，必须由具有林权评估资质的评估机构和人员对拟作为抵押物的林权进行评估，确定抵押物评估价值。申请林权抵押贷款额在10万元（含）以下的，可不委托林权评估机构评估，由贷款经办机构确定抵押物价值。

林权抵押贷款根据实际情况合理确定贷款期限，贷款期限原则上不超过3年。

林权抵押贷款利率按国家有关规定执行。

林权抵押贷款结息方式由借贷双方在合同中约定，可实行按月或按季结息。贷款逾期和挤占挪用的，按有关规定执行加罚息。

4. 林权抵押合同

林权抵押合同须载明下列主要内容：

（1）抵押人、抵押权人的名称、住所；

（2）被担保的主债权的种类、数额；

（3）主合同借款人履行债务的期限；

（4）抵押物的所在乡（镇）、村、林班/大班/小班、土名、林权证号、森林/林木/林地状况登记表顺序号、面积、四至、林种、地类、林龄、树种组成等；

（5）抵押担保的范围；

（6）抵押物登记；

（7）抵押林权的占用管理人、管理方式、管理责任以及意外损毁、灭失的责任；

（8）双方的权利和义务；

（9）参加林业保险的，抵押权人为保险赔偿的第一受偿人；

（10）合同的生效、变更、解除和终止。

小资料

辽宁省农村信用社林权抵押贷款管理暂行办法

第一章 总则

第一条 为积极拓展林业有效信贷市场，规范林权抵押贷款操作，根据《中华人民共和国森林法》、《中华人民共和国担保法》、《中华人民共和国物权法》、《森林资源资产抵押登记办法（试行)》及《辽宁省农村信用社信贷管理基本制度》和《辽宁省农村信用社信贷业务基本操作规程》等有关规定，制定本办法。

第二条 本办法所称林权是指依法取得的由县级（含）以上人民政府颁发《中华人民共和国林权证》的林木所有权、使用权及林地使用权。

第三条 本办法所称林权抵押是指借款人或第三人不转移对本办法规定林权的占有，以该林权作抵押物向贷款人提供担保，当借款人不履行债务时，贷款人有权按照抵押合同约定以该林权折价或者拍卖、变卖该林权所得的价款优先受偿。

前款规定的借款人或第三人为抵押人，贷款人为抵押权人，提供担保的林权为抵押物。

第四条　本办法适用于辽宁省农村信用社各级机构办理林权抵押贷款业务。

第二章　贷款对象、条件及用途

第五条　林权抵押贷款对象包括从事林业经营的经工商行政管理机关（或主管机关）核准登记的企事业法人、其他经济组织、个体经营户及具有完全民事行为能力的自然人。

第六条　农户申请办理林权抵押贷款除应符合《辽宁省农村信用社信贷管理基本制度》规定的基本条件外，还应具备以下条件：

（一）依法从事林业经营活动；

（二）有合法林权作抵押，且抵押率在50%以内；

（三）农户信用评级在BB（含）级以上；

（四）在信用社开立存款账户；

（五）经办机构规定的其他条件。

第七条　农户以外的其他借款人申请办理林权抵押贷款除应符合《辽宁省农村信用社信贷管理基本制度》规定的基本条件外，还应具备以下条件：

（一）依法从事林业经营活动；

（二）有合法林权作抵押，且抵押率在50%以内；

（三）法人客户资产负债率在50%（不含）以下；

（四）法人客户借款总额不超过其上年度销售收入的50%。

第八条　林权抵押贷款主要用于借款人从事林木、林地经营活动的流动资金需要。严禁发放垫付自有资金性质的林权抵押贷款；严禁发放与林木、林地经营活动无关的林权抵押贷款（林农小额贷款除外）。

第三章　抵押物范围

第九条　可作为林权抵押物的林权为：

依法取得由县级（含）以上人民政府颁发《中华人民共和国林权证》的人工商品林、天然商品林、人工公益林及林地使用权。

第十条　下列林权不得作为抵押物：

（一）天然公益林；

（二）权属不清或存在争议的林木财产和林地使用权；

（三）未经依法办理林权登记的林木财产和林地使用权（农村居民在其宅基地、自留山种植的林木除外）；

（四）属国防林、名胜古迹、革命纪念地和自然保护区的林木财产和林地使用权；

（五）特种用途林中的母树林、实验林、环境保护林、风景林；

（六）国家及有关部门规定不得抵押的其他林木财产和林地使用权。

第四章　抵押权的设定

第十一条　以林权作抵押，抵押人应向抵押权人出具由县级（含）以上人民政府颁发的《中华人民共和国林权证》及载有拟抵押林权的林地类型、坐落位置、四至界址、面积、林种、树种、林龄、蓄积等内容的相关资料供抵押权人审核。

第十二条　以合法的集体所有的林权抵押的，必须经集体经济组织代表会议或村民代表会议审议通过。

第十三条　以实行公司制的企业法人所有的林权抵押的，必须经董事会或股东大会审议通过。企业章程另有规定的，按章程规定办理。

第十四条　以共有的林权抵押的，抵押人应当事先征得其他共有人的书面同意。

第十五条　抵押人对已抵押的林权进行转让、采伐或采取间伐、透光抚育等必要管理措施的，必须经抵押权人书面同意。

第十六条　以林木抵押的，该林木占用范围内的林地使用权须同时抵押，但不得改变林地的属性和用途。

第十七条　以具有林地使用年限的林木作为抵押物的，所担保债务履行期限不得超过林地使用权出让合同规定的使用年限减去已使用年限后的剩余年限。

第五章　抵押物评估

第十八条　办理林权抵押贷款原则上须由具有林权评估资质的评

估机构和人员对拟作为抵押物的林权进行评估，确定抵押物评估价值。

第十九条　林权评估机构应由有权部门进行资质审核，并经各市联社、办事处确认，报省联社备案（必要时由省联社审定）。

第二十条　申请林权抵押贷款额在10万元以上的，必须由具有林权评估资质的评估机构和人员对拟作为抵押物的林权进行评估，确定抵押物评估价值。

第二十一条　申请林权抵押贷款额在10万元（含）以下的，可不委托林权评估机构评估，由贷款经办机构确定抵押物价值。

第六章　贷款期限、利率与结息方式

第二十二条　林权抵押贷款根据实际情况合理确定贷款期限，贷款期限原则上不超过3年。

第二十三条　林权抵押贷款利率按国家有关规定执行。

第二十四条　林权抵押贷款结息方式由借贷双方在合同中约定，可实行按月或按季结息。贷款逾期和挤占挪用的，按有关规定执行加罚息。

第七章　抵押合同的订立

第二十五条　办理林权抵押，经办机构与抵押人应当签订书面抵押合同。

第二十六条　林权抵押合同须载明下列主要内容：

（一）抵押人、抵押权人的名称、住所；

（二）被担保的主债权的种类、数额；

（三）主合同借款人履行债务的期限；

（四）抵押物的所在乡（镇）、村、林班/大班/小班、土名、林权证号、森林/林木/林地状况登记表顺序号、面积、四至、林种、地类、林龄、树种组成等；

（五）抵押担保的范围；

（六）抵押物登记；

（七）抵押林权的占用管理人、管理方式、管理责任以及意外损毁、灭失的责任；

（八）双方的权利和义务；

（九）参加林业保险的，抵押权人为保险赔偿的第一受偿人；

（十）合同的生效、变更、解除和终止。

第八章　抵押物登记与贷款发放

第二十七条　林权抵押需经县级（含）以上人民政府林业主管部门办理抵押登记，并取得《林权抵押他项权利证书》。

第二十八条　林权抵押合同自办理抵押登记之日起生效。

第二十九条　变更被担保主债权种类、金额、期限或抵押担保范围的，抵押人与抵押权人应当于做出变更决定之日起15个工作日内持有关材料向原登记机关申请办理变更登记。

第三十条　抵押合同项下的贷款全部还清后，抵押人持相关材料到原登记部门办理注销登记手续。

第三十一条　经办机构须在抵押物办理有效登记并取得《林权抵押他项权利证书》后方可按照已签订的借款合同发放贷款。

第三十二条　贷款发放按省联社信贷管理有关制度执行。

第九章　贷后管理

第三十三条　经办机构要严格按照省联社信贷管理有关规定切实加强林权抵押贷款的贷后管理工作。

第三十四条　信贷人员贷后检查内容：

（一）是否按规定用途使用贷款；

（二）借款人生产经营活动是否正常；

（三）有无发生影响借款人偿债能力及信用状况的重大事项；

（四）抵押物是否完好、抵押物价值是否发生不利变化；

（五）其他需检查的内容。

第三十五条　县级联社及基层信用社检查内容：

（一）是否有对不符合贷款条件的借款人发放林权抵押贷款；

（二）是否有超权或变相超权发放的贷款；

（三）林权抵押登记手续是否齐全、完备；

（四）其他需检查的内容。

第三十六条 对逾期林权抵押贷款，信贷人员应及时了解和掌握逾期的原因并进行催收。对于确因自然灾害等客观因素造成还款困难的，在落实还款计划的情况下，借款人可在贷款到期前申请办理贷款展期。对恶意赖账的，应及时采取有效措施加以清收。

第三十七条 经办机构要建立林权抵押贷款档案，其主要内容包括：

（一）借款申请书；

（二）借款人法人营业执照复印件；

（三）借款人有效身份证件复印件（适用于自然人）；

（四）林权转让协议书或林权买卖合同（验看原件，收受复印件）；

（五）村民代表大会会议记录（验看原件，收受复印件）；

（六）林权买卖发票或收据（验看原件，收受复印件）；

（七）农户信用评级测评表（适用于农户）；

（八）贷款调查报告以及审查审批材料；

（九）森林资源资产评估报告；

（十）用于抵押的林权证复印件；

（十一）以第三人的林权资产抵押的，需要出具同意办理抵押的书面承诺；

（十二）林权抵押他项权利证书原件（作为重要凭证保管）；

（十三）借款合同和抵押合同；

（十四）贷款发放、收回历史记录及贷款催收等资料；

（十五）经办机构要求的其他资料。

第三十八条 林权抵押贷款档案以客户为单位建档，一户一档，由管户信贷员进行收集整理，由专人负责保管。

第三十九条 用于抵押的林权因抵押人的原因致使其价值不足以履行债务担保时，经办机构要求抵押人增加或重新提供抵押物。

第四十条 抵押物的处置按省联社有关规定执行。

第十章 附则

第四十一条 本办法由省联社负责解释。

第四十二条 辽宁省农村信用社各级机构制定的林权抵押贷款有关规定与本办法相抵触的，按本办法执行。各县级联社（含农村合作银行）可根据本办法结合当地实际情况制定操作细则。

第四十三条 本办法自下发之日起执行。

三、贷款模式

办理林权抵押贷款主要有以下几种模式：

1. 单户直接林权抵押贷款

单户直接林权抵押贷款指的是农户个体以其自身拥有的林权证作为抵押向农村信社申请贷款。那么谁可以申请这个贷款？凡在本县行政区域范围内，从事森林资源培育、经营活动的自然人，均可申请这个贷款，每户可申请的贷款控制在2万元以下。

怎样测算抵押物的价值？由该县林业局会同县信用联社对本县可作为抵押物的森林资源资产进行分类细化，制定全县统一的抵押物价值测算标准，必要时可根据市场行情对测算标准进行部分调整。在办理贷款手续时，由农信社自行测算抵押物价值，作为农信社发放贷款的风险控制指标。

2. 联户联保林权抵押贷款

农户以林权证为信用保证，在自愿基础上组成联保小组，农村信用社对联保小组成员提供的免评估、免担保林业联保贷款，其基本原则是"自愿联合、多户联保、定期还款、风险共担"。几个农户一起申请林权抵押贷款的方式也是农户最常用的林权抵押贷款方式，因为联户联保林权抵押可以跟其他的农户一起分担风险，毕竟几万元对单个农户来讲也是一笔不小的数目，一旦出现问题，单个农户承担这样的风险还是有很大的压力的。

3. 信用基础上的林权抵押贷款

虽然我们前面提到的联户联保林权抵押贷款有很多的好处，但是在联保的过程中也会遇到一些麻烦，联保农户之间的沟通和协调都需要花费很多时间，如果条件允许的话，农户还是比较愿意自己申请贷款。只要农户有良好的信用，经过审核达到了信用要求，就可以在信用的基础上申请林权抵押贷款。

信用基础上的林权抵押贷款是指农户以其信用为前提条件，在核定的额度和期限内发放的免评估、免担保林权抵押小额信用贷款，农户的资信必须经过农村信用社评定，并符合信用社信贷规定的条件，所贷款项用于发展林业。

申请信用基础上的林权抵押贷款的步骤：

第一步：农户向信用社提出贷款申请。

第二步：信贷人员调查农户从事林业生产经营情况和资信情况，提出初步意见。

第三步：农户填制《林权证基本情况调查表》，并由市林权登记中心审核，签署证明意见。

第四步：由资信评定小组根据信贷人员及所在地村主任、社员代表或村委会提供的情况，确定最高贷款额度，并核发农户小额受信贷款证。

第五步：农户凭小额授信贷款证、户口簿（或身份证）到所在地农村信用社办理贷款，或由信用社信贷员根据农户要求到农户家中直接发放，逐笔填写借据。

信用基础上的林权抵押贷款的规定一般为：①期限。林业小额授信贷款期限原则上不超过1年，最长期限不超过3年，因自然灾害造成还款困难的，可适当延期。②利率。林业小额授信贷款利率按人民银行公布的贷款基准利率和浮动幅度适当优惠。③额度。林业小额授信贷款额度一般为1万元（含）以下，最高不超过2万元。

4. 协会担保林权抵押贷款

以林权证作为抵押，通过信用建设促进会、农村党员信用担保会等中介组织向农村信用社申请贷款。这种林权抵押贷款的方式要分不同的地区而定，有的农村地区建立了信用建设促进会或者农村党员信用担保会，那么就可以利用这个途径申请贷款；如果村里没有这些中介组织，那么农户需选择其他的方式申请林权抵押贷款。

5. 合作经济组织、经营大户或企业林权抵押贷款

农村合作经济组织、经营大户或企业，以其拥有的林权证向农村信用社等金融机构申请贷款。这种模式较为简单，通常为股份合作林场等合作经济组织、经营大户或林业企业以其拥有的森林资源资产（林权证的实体）作抵押，经中介机构评估，并得到农村信用社，更多数为政策性银行、商业银行等金融机构的认可，而按一般商业抵押贷款申请获得贷款。

四、贷款办理

1. 提供资料

申请办理林权抵押登记，应向林业部门提供下列资料：

（1）《林权证》。

（2）《林权抵押贷款协议书》。

（3）《林权抵押合同》。

（4）《借款合同》。

（5）《森林资产价值评估报告》。

（6）需提供的其他资料 。

2. 办理程序

林权抵押贷款的一般程序为：

（1）先与金融机构进行协商，达成贷款意向，一般林业放贷金融机构为农行或信用社；

（2）然后找有林业评估资质的评估机构，进行抵押贷款评估；

（3）拿到评估报告后，再将林权证、公司营业执照（或个人身份证）去放贷银行办理抵押申请和贷款申请；

（4）银行受理后，签订抵押合同和贷款合同；

（5）到当地县级林业系统办理林权抵押登记，取得林权抵押证明或他项权证；

（6）将林权证、抵押证明（或他项权证）交银行，银行放款。

林权抵押贷款的流程可如图8—1所示：

```
┌─────────────────────────────────────┐
│    林权所有人向林业服务中心提出申请    │
└─────────────────────────────────────┘
                  │
                  ▼
┌─────────────────────────────────────┐
│          相关银行同意签章            │
└─────────────────────────────────────┘
                  │
                  ▼
┌─────────────────────────────────────┐
│          林业管理站审核签章          │
└─────────────────────────────────────┘
         │                    │
         ▼                    ▼
┌──────────────────┐  ┌──────────────────┐
│  评估事务所进行资产评估  │  │  林业服务中心同意签章  │
└──────────────────┘  └──────────────────┘
         │                    │
         ▼                    ▼
┌──────────────────┐  ┌──────────────────┐
│ 向申请人出具资产评估报告书 │  │ 向相关银行出具他权项证书 │
└──────────────────┘  └──────────────────┘
         │                    │
         └──────────┬─────────┘
                    ▼
┌─────────────────────────────────────┐
│          林业局领导审批              │
└─────────────────────────────────────┘
                  │
                  ▼
┌─────────────────────────────────────┐
│      相关银行向林权人发放贷款        │
└─────────────────────────────────────┘
```

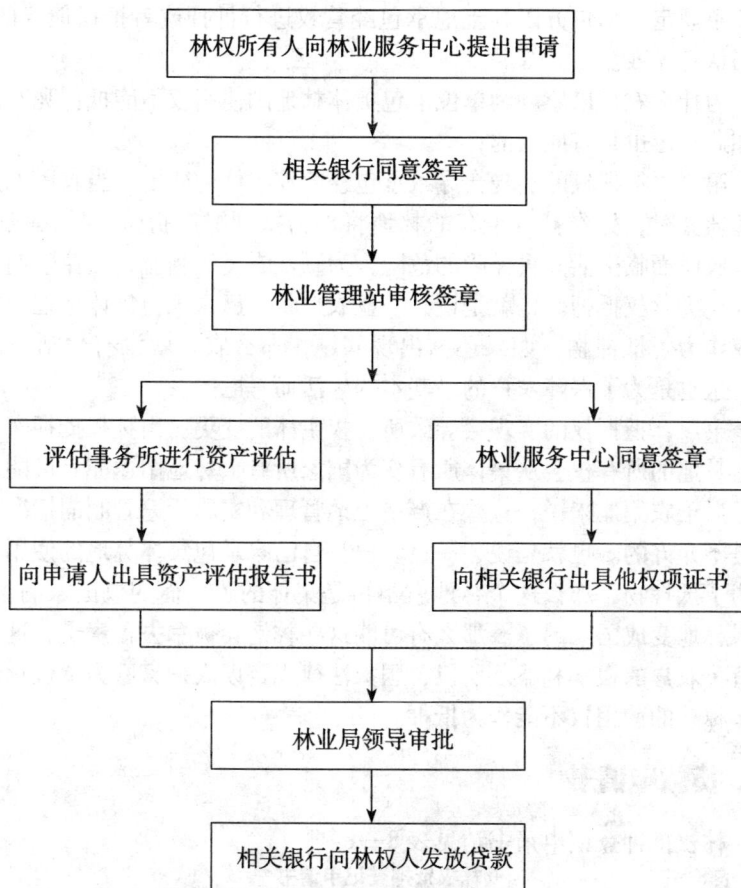

图8—1　林权抵押贷款流程

五、注意事项

需要注意的是，有些林权是不可以抵押的！

《森林资源资产抵押登记办法（试行）》第九条第一款第六项规

定："以家庭承包形式取得的集体林地使用权不得抵押。"《最高人民法院关于审理涉及农村土地承包纠纷案件适用法律问题的解释》第十五条规定，承包方以其土地承包经营权进行抵押或者抵偿债务的，应当认定无效。

为什么农户以家庭为单位承包集体林地的使用权不能抵押呢？法律如此规定也是有原因的：

第一，抵押权的实现会导致承包经营权主体的变更。当农民无力偿还债务时，林农赖以生存的林地将作为抵押财产折价、拍卖或变卖，农民面临生活失去保障的危险，为顾及农民的利益，法律限制林地承包经营权抵押。也就是说，一旦农户将自己家承包集体林地的使用权作为了抵押物，如果还款出现问题，那么农户就没有生活来源了，这也是为了保障农户的最基本的生活而考虑的。

第二，抵押权的实现会导致所有权主体的变更。当林权抵押实现时，林地的所有权会从集体所有变为国家所有，林地用途亦有可能改变。对于农用地来说，这些在严格土地管理和实施用途管制的情况下都是不允许的。也就是说，一旦农户将自己家承包集体林地的使用权作为了抵押物，那么这个林地就不再是集体的了，而变成国家的了。如果林地变成国家的了。那么有可能这些林地会被拿去盖房子，这就违背了农户的根本利益。所以，国家法律规定以农户家庭为单位承包集体林地的使用权不能作为抵押。

六、贷款申请书

林权抵押登记申请书请见表 8—1：

表 8—1　　　　　　　　**林权抵押登记申请书**

申请日期：　　年　月　日　　　　收件编号：

	名　　称		单位性质	
抵押人	地　　址		联系电话	
	法定代表人		身份证号码	
	共有权利人		身份证号码	

续表

抵押权人	名 称			单位性质	
	地 址			联系电话	
	法定代表人			身份证号码	
抵押物状况	林权证号		宗地号	抵押合同名称及编号	
	坐落、土名： 林班、大班、小班： 四至（详见附图）：				
	总面积	亩	林种	主要树种	
林木资产评估值		万元	抵押贷款金额		万元
抵押起止时间		年，自　年　月　日至　年　月　日止			

申请人（抵押人）声明： 　　本抵押人保证该抵押物合法有效，不存在任何权属纠纷，所申报的抵押物状况与事实相符，所提供的证件材料均真实有效，并已履行法定必备手续，否则抵押人愿承担由此引起的一切法律责任。 　　法定代表人（签章）： 　　　　年　月　日	申请人（抵押权人）声明： 　　上述抵押人所申报的抵押物状况与事实相符，抵押人（或其代理人）签章过程均在本抵押权人监督之下进行，确系真实意思表示，本抵押权人同意接受该抵押物作为担保。 　　法定代表人（签章）： 　　　　年　月　日
勘验部门意见 调查人（签章）： 　　年　月　日	登记机关审核意见及公章 经办人：　　　审核人： 　　年　月　日

第九章　农村个人生产经营贷款

农家金融

辽阳县农村个人生产经营贷款助农致富增收

近日，辽阳县兴隆镇王罗村鑫实养殖场的肖素文领到了县农业银行发放的首笔农村个人生产经营贷款 20 万元，用于个人扩大经营规模的资金之需。

肖素文养猪已经有 10 多年的历史了，经过滚雪球似的发展，养猪场形成了一定的规模，有母猪 100 多头。2010 年，罗素文又投资 120 万元建起了 2 500 多平方米的厂房，可是资金全部投入到猪场的建筑上了，想发展生产却没有了资金。正在这时，辽阳县农业银行推出了农村个人生产经营贷款这一产品，县农业银行工作人员多次来到鑫实养殖场，详细了解养殖场的发展情况，决定为她贷款 20 万元，用于发展生产。肖素文成了农村个人生产经营贷款受益的第一人。

农村个人生产经营贷款是继惠农卡和农户小额贷款产品之后，辽阳县农行为有效缓解农民贷款难题在 2011 年推出的又一重要惠农举措。

农村个人生产经营贷款是指对农户家庭内单个成员发放的，用以满足其从事规模化生产经营资金需求的大额贷款。贷款额度为 10 万元到 20 万元，采取三户联保的形式，具有贷款金额大、期限长、循环使用、方便灵活等特性，是专门为农村中高端农户从事农、林、牧、渔规模化经营及从事农村工业、商业、建筑服务业等生产经营活动量身打造的，将有效满足农户的大额融资需求，有利于农户扩大再生产，调整农业产业结构，繁荣农村经济，推动农村经济的多元化发展。到目前为止，全县已有 30 多个农户领到了 10 万元到 20 万元不等的贷款。

资料来源　刘晓鸥：《辽阳县农村个人生产经营贷款助农致富增收》，辽宁金农网，2011-05-18。

一、贷款介绍

1. 概况

农村个人生产经营贷款是指对农户家庭内单个成员发放的，用以满足其从事规模化生产经营资金需求的大额贷款。本章开始部分的贷款实例中，办理的就是"农村个人生产经营贷款"，这种贷款主要用于较大规模的生产和经营，额度较大，一般为 5 万至 100 万元，期限一般在 3 年以内，林果业等生产周期较长的，最长可达 8 年。

中国农业银行办理发放农村个人生产经营贷款。

2. 贷款特点

农村个人生产经营贷款的特点主要有以下几方面：

（1）贷款方式灵活。

农户在满足条件的情况下，可采用保证、抵押、质押、农户联保等多种方式申请贷款。

（2）用款方式灵活。

根据用款方式不同，农村个人生产经营贷款分为自助可循环方式和一般方式。在自助可循环方式下，在核定的最高额度和期限内，借款人可随借随还，通过自助借款方式提款、还款；在一般方式下，银行对借款人实行一次性放款，一次或分次收回。具体用款方式由借款人与银行协商决定。

（3）节省利息。

在自助可循环方式下，农村个人生产经营贷款按照贷款的实际使用天数计息，可最大限度地减少借款人的利息支出。

小资料

中国农业银行个人生产经营贷款管理办法（试行）

第一章　总则

第一条　为支持个体及私营经济发展，拓展农业银行个人金融服务领域，规范个人生产经营贷款行为，有效防范贷款风险，根据《中华人民共和国商业银行法》、《中华人民共和国担保法》（以下简称《担保法》）、《贷款通则》、《中国农业银行信贷管理基本制度》等法律法规和规章制度，制定本办法。

第二条　个人生产经营贷款是指对从事合法生产经营的非法人资格的私营企业业主和个体工商户发放的，以生产经营流动资金需求以及租赁商铺、购置机械设备和其他合理资金需求为用途的人民币贷款业务。

第三条　个人生产经营贷款坚持"规范、效益、安全、简便"的原则，贷款采取部门审贷分离和岗位审贷分离相结合的操作方法，实行贷款主责任人、经办责任人制度。

第二章　贷款的对象及条件

第四条　个人生产经营贷款的对象为具有完全民事行为能力的自然人，借款人可以是个体工商户、个人独资企业投资人等。

第五条　申请个人生产经营贷款的借款人必须具备以下条件：

（一）年龄在18周岁（含）以上60周岁（含）以下，具有完全民事行为能力，身体健康，在当地有固定住所，持有有效身份证件的个人。

（二）经工商行政管理部门及其他有权部门批准，依法登记注册，持有合法有效的营业执照和生产经营许可证书。

（三）有固定的经营场所，有明确的生产经营计划或可行的创业方案，贷款用途明确、合法。

（四）有稳定的经营收入和按期偿还贷款本息的能力，第一还款来源充足；私营企业生产经营状况良好，在还款期内有足额的净现金流入。

（五）能提供贷款人认可的保证担保人、抵（质）押物并办理合法有效的担保手续。

（六）品行良好，无违约行为和不良信用记录，愿意接受贷款人信贷、结算监督。

（七）在贷款行开立活期存款账户或信用卡账户。

（八）以个人信用方式申请贷款的，其个人信用综合评分须在80分（含）以上。

（九）贷款人规定的其他条件。

第六条　禁止对以下类型企业的经营者发放个人生产经营贷款：

（一）盲目扩张、低水平重复建设的；

（二）不符合国家产业政策，污染环境、浪费资源的；

（三）利用淘汰设备、技术落后或产品质量低劣、没有发展前途、国家明令关停的中小民营企业。

第三章　贷款额度、期限和利率

第七条　贷款额度。个人生产经营贷款额度起点为5 000元，贷款最高额度＝保证担保贷款额度+质押贷款额度+抵押贷款额度+信用贷款额度。其中，以借款人或第三人的住房、商铺、写字楼抵押的贷款金额不得超过抵押物评估或协商价净值的60%；以信用方式、保证担保方式的贷款金额不得超过10万元。

贷款人根据借款人信用评分结果和所提供的贷款担保方式，可为其一次性办理最高额贷款核定手续，借款人在有效期限内和一个借款合同项下，随用随借，到期归还，循环使用。

第八条　贷款期限。个人生产经营贷款期限一般为1至3年，最长不超过5年。多笔贷款的最迟到期日不得超过贷款最高额借款合同的有效期限。

第九条　贷款利率。个人生产经营贷款利率按人民银行规定的同档次贷款利率和浮动利率执行，利率最高可上浮30%。贷款期限在1年（含）以内的实行合同利率，遇法定利率调整不分段计息；贷款期限在 1 年以上的，遇法定利率调整时，则于次年 1 月 1 日按公布的相应利率档次确定新利率。

第四章　贷款担保

第十条　借款人申请个人生产经营贷款提供担保的方式有保证担保、质押担保和抵押担保。

第十一条　以保证担保方式申请个人生产经营贷款的，担保人必须具有代清偿债务的能力，出具连带保证责任承诺书，且不得互为担保人或连环担保人。保证担保应依据对担保人个人信用评分（评分表参见附件 1，略）的结果，核定最高担保贷款额度。担保人评分达到 80 分（含）以上的，贷款额度不得超过其年收入的 2 倍，且最高担保贷款额为 10 万元；评分为 70（含）至 80 分的，贷款额度不得超过其年收入的 1.5 倍，且最高担保贷款额为 5 万元。担保人信用评分为 70 分以下者，不具备贷款担保人资格。

第十二条　借款人全额以有价单证质押方式申请个人生产经营贷款的，执行《中国农业银行个人质押贷款管理办法》有关规定（在"7273 小额质押贷款"科目中核算）。

第十三条　借款人以财产抵押申请个人生产经营贷款的，抵押物为本人或第三人名下的住房、商铺或写字楼（商用）的，按规定办理抵押物登记和保险手续，且保险期限不得短于贷款期限。在保险合同中应明确贷款行为该保险标的第一受益人。在抵押权存续期限内，借款人不得以任何理由中断或撤销保险。

以个人住房作为抵押的，要求住房性质为商品房，贷款额不超过该套房屋评估价值的 60%；以商铺（门店）、写字楼作为抵押物的，必须是已经用于经营或出租的商业旺地，且易于转让、变现，贷款额不超过房屋评估值的 60%。

第十四条　抵押物的评估、保险、登记、公证等费用由借款人承担。

第十五条　对 1 年期（含）以下个人生产经营贷款逾期达 3 个月者，或 1 年期以上个人生产经营贷款借款人连续 3 个月或累计 6 个月不能按月归还贷款本息者，贷款人有权要求依照《担保法》的规定处分抵押物和质物，或要求贷款保证人履行保证责任。

第十六条　借款人在还款期限内死亡、宣告失踪或丧失民事行为能力，贷款人有权依照《担保法》等有关规定处分抵押物或质物，或要求贷款保证人履行连带保证责任。

第五章　贷款程序

第十七条　贷款申请。借款人申请个人生产经营贷款，应填写《个人生产经营借款申请审批表》（附件2，略），提交本人身份证件和抵押物、质押物权证等相关资料。

第十八条　贷款调查。经办机构受理客户申请后，贷款调查岗位及时对借款人资料及还款能力进行调查，核实担保人的担保能力、信用状况；调查申请人在还款期内是否有按期还本付息的净现金流入，并实地调查抵押物的产权归属、地理位置、变现能力等情况，提出调查意见，送交贷款审查岗审查。

第十九条　贷款审查。贷款审查岗对借款人的相关手续进行核实，对贷款的使用效益和偿还本息的可靠性进行认定后，将拟抵押物业提交房地产中介机构进行评估。审查岗根据调查情况及物业评估结果，提出贷与不贷的意见，并提出贷款方式、金额、期限、利率、还款方式等建议，提交贷款审批岗审批。

需提交贷款审查委员会审议的贷款，由支行贷审会根据调查岗、审查岗提交的有关资料进行审议，按照贷审会议事规则办理。

第二十条　贷款审批。贷款审批岗根据调查、审查意见以及贷审会审议情况，最终作出是否贷款及贷款方式、金额、期限、利率、还款方式的决策，由贷款审批责任人签署明确意见。超权限的报上级行审批。

第二十一条　签订合同

（一）经审批同意发放贷款的，贷款人与借款人面签《个人生产经营借款合同》（附件3，略）。合同签订后，以资产抵押的应及时办理抵押登记手续；以权利质押的，应将质物或权利凭证于合同签订之日交质权人占管。

（二）批准借款人最高额贷款的，贷款人签发《个人最高额贷款通知书》（附件4，略），与借款人签订《最高额担保个人消费借款合同》〔ABCS（2001）5003〕（暂用）。对已签订《最高额担保个人消费借款合同》的借款人，在合同约定的期限内可循环使用贷款额度，不再逐笔签订担保借款合同。

第二十二条　贷款发放。合同成立并生效后，贷款人应在合同规定的期限内向借款人发放贷款，填写《借款凭证》〔ABCS（2001）1010〕。贷款责任人登记个人生产经营贷款台账。

《最高额担保个人消费借款合同》成立并生效后，借款人在有效期限及最高贷款余额内凭借款担保合同、本人身份证件和借款申请书向贷款行申请贷款，贷款人分次向借款人发放贷款。每笔贷款的金额、期限、利率和还款方式等以《借款凭证》为准。《借款凭证》为《最高额担保个人消费借款合同》组成部分，与合同具有同等法律效力。

第六章　贷款管理

第二十三条　经办机构和审批权限管理。经营个人生产经营贷款业务由县级支行根据当地经济发展状况和市场发育程度，按照"中心化"服务和规模化经营原则确定具体的经办机构，报二级分行审批后办理业务。

个人生产经营贷款实行授权审批制度，采取岗位分离和部门分离相结合的操作方法。最高额贷款或单笔贷款的授权权限及贷款程序由一级分行决定。对授权以内的担保贷款，可由经办机构（金融超市）通过岗位分离操作，报有权审批人审批；对授权以上、以个人信用方式或第三人保证担保方式申请的贷款，须经县级支行贷款审查委员会审批，报二级分行备案；对大额个人生产经营贷款，采取审贷部门分离操作，由二级分行审批，报一级分行备案。最高额度贷款条件由一级分行制定，对不符合贷款条件的，要对贷款逐笔审查、审批。

第二十四条　贷款核算。个人生产经营贷款在"7276个人生产经营短期贷款"和"7491 个人生产经营中期贷款"会计科目中核算；原"7272"科目只核算承担有限责任的法人资格私营企业贷款。

授权经营个人生产经营贷款的机构（金融超市），须建立个人生产经营贷款台账，由客户经理（责任人）及时登记，与会计报表、项目电报核对相符，并按月抄列个人生产经营贷款清单，报支行个人业务部（客户部）备案。

第二十五条　贷后检查。贷款检查责任人应定期与不定期地对借款人执行合同用途等情况进行跟踪检查，对不主动配合检查的借款人，应列入重点检查和限制发展的名单，借款人情况发生变化危及贷款安全时，应及时采取防范措施。

第二十六条　贷款催收。客户经理（贷款清收责任人）与借款人保持经常性联系，随时掌握借款人经营及收入变化情况。对采用一次性还款方式的，经办行要在贷款到期前 15 日，向借款人发送贷款到期通知书，通知借款人筹足资金及时归还贷款本息。对于采用分期付款方式的，经办行在划款日后 10 日内不作逾期处理；10 日后借款人仍未归还的贷款从第 11 日起转入逾期。客户经理应及时发送《逾期贷款催收通知书》，由借款人签收后妥善保管回执，以保证贷款诉讼时效。借款人拒绝签收或逾期 3 个月以上不还款的要依法清收贷款本息。

第二十七条　贷款本息偿还

（一）贷款期限在 1 年以内（含）的，可以选择按月、按季或到期一次性还本付息方式。

（二）贷款期限在 1 年以上的，应从贷款贷出日的次月开始，按月偿还贷款本息。每月 20 日为还款日。借款人应于每月 20 日前将本期应偿还的贷款本息足额存入在经办机构开立的活期存款账户或金穗卡账户，经办机构每月 20 日从借款人的存款账户上或金穗卡账户划收。

（三）借款人征得贷款人同意可以提前全部或部分归还贷款。

（四）还款方式可以采取等额法、递减法或其他方法，还本付息的计算方法主要有：

1. 等额法，指在贷款期内以每月相等的金额平均偿还贷款本金和利息，计算公式为：

$$每月还款额 = \frac{还款总期数月利率 \times （1+月利率）}{还款总期数（1+月利率）-1} \times 贷款本金$$

2. 递减法，是指在贷款期内将本金平均分摊在每个月归还，计算公式为：

$$每月还款额 = \frac{贷款本金}{还款总期数} + （贷款本金-已归还贷款本金累计额） \times 月利率$$

3. 其他方法。条件成熟的地区，可选择其他分期还本付息的计算方法。

第二十八条　提前还款、贷款展期与贷款逾期处理

（一）提前还款。借款人经同意可以提前还款。

（二）贷款展期。对1年期以下的贷款，借款人因不可预见原因导致不能按期还款需要展期的，须在结清全部利息后，在贷款到期前7日向贷款人提出展期书面申请，并取得抵押人的书面同意，经批准后办理展期手续。展期期限按《贷款通则》有关规定执行。如展期后贷款期限达到新的利率档次，贷款利息应按新的期限档次利率计收利息。采用分期还款方式的不得展期。

（三）贷款逾期。借款人不按期还款且未申请展期（或展期未获批准）的欠款，按逾期贷款处理。

分期还款的逾期贷款处理：借款人在划款日后10日内归还不作逾期处理；10日内仍不归还的，从第11日起转入逾期，并从应扣款日次日起开始计算逾期利息。

实行到期一次还本付息的，在贷款到期日次日转入逾期，计算逾期利息。

第二十九条　不良贷款的催收、处置、考核、监测。经办机构要建立并落实不良贷款的登记、催收、考核、监测制度。要逐笔落实清收措施和清收责任人，在法定期间内处置抵押物。对不良贷款发生较多或清收措施不力的个人，要下岗清收。对不良贷款发生较多或清收

措施不力的经办机构，要取消个人生产经营贷款业务的开办资格，并对有关责任人给予处罚。

第三十条　贷款档案管理。个人生产经营贷款的档案原则上由支行集中保管，支行应配备相应的档案保管设施，设置档案管理岗，由具备一定档案管理知识与信贷业务知识的专、兼职人员承担档案管理工作。

档案管理要求：

（一）归档范围。个人生产经营贷款档案分为借款人资料、担保资料、借款合同资料、贷后管理资料、其他应归档资料五大类，凡入库保管的档案在信贷档案中要保留复印件。

（二）建立抵押物和有关权证保管台账。保险单正本等重要权证入库保管，列入表外科目核算。档案管理人员要与会计人员做好交接手续，防止资料丢失。

（三）严格遵守档案管理、保密制度。执行档案移交、查借阅批准制度，履行移交、监交、查借阅登记手续。

第三十一条　落实个人生产经营贷款检查、监测责任制。经营机构（金融超市）要落实贷款监测责任人，随时监测个人生产经营贷款的形态变化，并及时向上级行和相关部门报告。支行要设立专门的个人生产经营贷款检查岗，定期对贷款的发放、管理、风险状况进行检查分析；稽核部门定期对个人生产经营贷款进行专项稽核。

第三十二条　个人生产经营贷款实行责任人制度，经办人员对关系人申请贷款应予以回避。有违规发放贷款行为的，应根据《中国农业银行工作人员违反贷款规章制度的处理办法（试行)》，视其事实情节轻重，分别给予处罚。

第三十三条　对分、支行因检查、监督不力，个人生产经营贷款出现下列问题的，取消该行贷款审批权限：

（一）违规发放个人生产经营贷款情节严重的；

（二）个人生产经营贷款逾期率超过10%的；

（三）个人生产经营贷款损失率超过2%的；

（四）信贷管理混乱的。

第七章　罚则

第三十四条　借款人有下列行为之一的，贷款人有权依法处分抵押物、质物或提前收回贷款，提供保证担保的应要求保证人承担连带保证责任。

（一）借款人提供虚假证件、资料，已经或可能造成贷款损失的；

（二）借款人未经贷款人同意，将已设定抵押权财产或权益拆迁、转让、赠与或重复抵押的；

（三）改变贷款用途、挪用贷款资金的；

（四）未能按期偿还贷款本息的；

（五）有严重违规经营行为的；

（六）影响贷款人权益的其他行为。

第三十五条　在保险期限内，如发生保险责任范围以外的损毁，借款人应及时通知贷款人，并提供其他担保措施，否则贷款行有权提前收回贷款。

第八章　附则

第三十六条　本办法由中国农业银行总行制定、解释和修订；各分行结合实际制定实施细则。

第三十七条　本办法自下发之日起执行。

附件：

1. 中国农业银行个人贷款信用评分表（略）

2. 中国农业银行个人生产经营贷款申请审批表（略）

3. 个人生产经营借款合同（略）

4. 个人最高额贷款通知书（略）

二、相关规定

1. 期限、利率和额度

（1）采用一般用款方式的，原则上不超过 3 年，对于从事林果业等生产周期较长的生产经营活动的，最长可延长至 8 年。

（2）采用自助可循环方式的，授信期限最长不超过 3 年，额度内的单笔借款期限一般不超过 1 年，且到期日不能超过额度有效期后 6 个月。

（3）农村个人生产经营贷款的具体利率需咨询当地银行，各银行略有不同。对诚实守约的客户，银行将考虑给予一定利率优惠。

（4）农村个人生产经营贷款单户额度起点为 5 万元（不含），单户余额最高不超过 100 万元（含），其中采取自助可循环方式的单户余额最高不超过 50 万元（含）。

2. 自助借款方式

（1）自助借款方式指借款人以合同约定的银行卡作为借款提取与偿还的结算工具，通过银行的营业柜台、自助银行（含自动取款机、存取款一体机、自助服务终端、转账电话等自助银行设备）、网上银行、电话银行、手机银行等自助借款渠道，经密码验证，依据提示实施操作，完成借款和还款。

（2）除银行通过营业网点或网站等途径另行公告通知外，自助银行渠道对借款人自动开通；网上银行、电话银行、手机银行由借款人另行申请、经银行确认后开通。合同生效后，自助借款渠道的变动以银行的公告或通知为准；银行增加其他自助借款渠道的，除需要借款人另作申请的外，将对借款人自动开通。

三、贷款条件

1. 贷款人的资格要求

农村个人生产经营贷款的发放对象是具备以下条件的农户：

（1）年龄在 18 周岁以上（含），且申请贷款时年龄和贷款期限之和最长不超过 60 年（含），在农村区域有固定住所，身体健康，具有完全民事行为能力和劳动能力，持有有效身份证件。

有关贷款人年龄和期限之和不超过 60 年主要是指，贷款人的年龄较大的，贷款期限有一定限制，比如，贷款人为 55 岁，则最长贷款期限为 5 年；贷款人为 58 岁，则最长贷款期限为 2 年。

（2）根据《中国农业银行"三农"客户信用等级评定管理办法》，客户的信用等级评级结果为良好级及以上。

（3）收入来源稳定，具备按期偿还的能力。

（4）从事的生产经营活动合规合法，符合国家产业、行业、环保政策。

（5）须提供合法、有效、足值的担保。

（6）借款人及其配偶信用记录良好，申请贷款时不存在到期未还的逾期贷款和信用卡恶意透支，且最近 24 个月内不存在连续 90 天（含）以上或累计 6 期以上的逾期记录。

2. 借款人需提供的资料

（1）借款人有效身份证明的原件及复印件。例如，身份证原件及复印件、户口簿原件及复印件。

（2）涉及保证担保的，需提供担保方同意担保的证明文件；涉及抵押和质押担保的，需提供抵押物或质押权利的权属证明文件以及有处分权人同意抵（质）押的书面证明。

（3）已领取营业执照的借款人，需提供经年检合格的营业执照，从事许可证经营的，应提供相关行政主管部门的经营许可证原件及复印件。

（4）贷款人要求的其他材料。

四、贷款办理

农村个人生产经营贷款的办理办法可如图 9—1 所示：

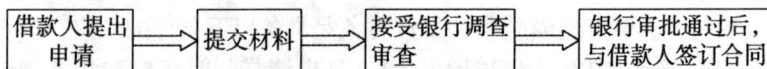

借款人提出申请 → 提交材料 → 接受银行调查审查 → 银行审批通过后，与借款人签订合同

图 9—1　贷款申请流程图

五、贷款申请表

有关贷款申请表请见表 9—1，有关信用等级测评表请见表 9—2，

有关调查、审批表请见表 9—3：

表 9—1　　　中国农业银行农户小额贷款业务申请表

致：中国农业银行　　　　　　　支行

申请人基本情况	姓名		电话		惠农卡号	
	居住地址			身份证件号码		
申请农户小额贷款情况	贷款用途				贷款额度	元
	贷款方式	□一般贷款方式□自助可循环贷款方式			贷款期限	
	还款方式	□按　　月分期还款　□按季（月）结息到期还本□　利随本清				
	贷款种类	□信用贷款				
		担保贷款	□自然人保证□联保小组□法人保证□抵押□质押			
			担保人名称：			

声明	(1) 本人的借款行为已经过家庭财产共有人的同意，同意以家庭共有财产承担债务。 (2) 本人承诺上述各项资料属实，且随本申请表报送的资料复印件可留存贵行作为备查凭证。本人知道所有提供的信息将经过贵行调查核实，如资料不实，本人愿承担相应法律责任。若本人家庭住址、联系电话等重要内容发生变化，将及时主动告知贵行。 (3) 经贵行审查，因不符合规定条件而不予发放贷款，本人无异议。 (4) 本人保证在取得贵行贷款后，按时足额偿还贷款本息。 (5) 本人在此不可撤销地授权贵行：贵行在办理业务及相关风险管理中，可根据需要向全国个人征信系统或其他数据信息系统查询、打印和保存本人的个人信息和信用报告；贵行可按照有关规定向全国个人征信系统或其他数据信息系统提供本人基本信息和银行业务信息。

借款申请人签字（手印）：

年　月　日

表 9—2　　中国农业银行农户小额贷款农户信用等级测评表

姓名：　　　　　　　　　　　　　经办行：　　　　　　支行

序号	评定指标	评分标准				满分值	得分
1	贷款申请人年龄	18～24周岁	25～34周岁	35～50周岁	50周岁以上		
		□3	□4	□5	□3		

序号	评定指标	评分标准						满分值	得分
2	健康状况	家庭成员身体健康	家庭成员健康状况一般	家庭成员健康状况不佳，个别成员患有慢性疾病	家庭成员有重大伤残疾病	家庭成员有重大伤残疾病且影响正常生产经营			
		□10	□8	□6	□4	□0			
3	个人品质	无黄赌毒及酗酒等不良嗜好，在当地反映良好	无黄赌毒及酗酒等不良嗜好，在当地反映较好	无黄赌毒不良嗜好，但会酗酒，在当地反映一般	有黄赌毒任一不良嗜好，在当地反映差				
		□10	□8	□6	□0				
4	报告期内银行信用记录（含其他金融机构）	有银行信用但无不良信用记录	无银行信用	存在贷款本息逾期30天（含）以内记录	存在贷款本息逾期90天（含）以内记录	存在不良信用记录的			
		□15	□13	□10	□8	违约			
5	家庭收入负债比（金融机构负债）	5倍（含）以上	3～5倍（含）	1～3倍（含）	1倍以下				
		□10	□8	□4	□0				
6	生产经营稳定性	生产经营持续5年以上	生产经营持续3～5年	持续经营1～3年	持续经营1年以下				
		□10	□8	□6	□4				
7	家庭收入状况	家庭收入/当地家庭平均收入在5倍（含）以上的	家庭收入/当地家庭平均收入在4倍（含）以上的	家庭收入/当地家庭平均收入在3倍（含）以上的	家庭收入/当地家庭平均收入在2倍（含）以上的	家庭收入/当地家庭平均收入在1倍（含）以上的	家庭收入/当地家庭平均收入在1倍以下的		
		□20	□18	□16	□14	□10	□5		

续表

序号	评定指标	评分标准					满分值	得分
8	家庭财产状况（扣除金融机构负债后净值）	15 万元以上	10 万元（含）至 15 万元	5 万元（含）至 10 万元	1 万元（含）至 5 万元	1 万元（含）以下		
		□20	□18	□16	□12	□10		
9	加分项	种养方面受乡级及以上政府部门表彰的可按如下情况加分，其中：获乡镇级政府表彰的加 2 分；获县级政府表彰的加 5 分；获市级政府表彰的加 8 分；获省级（含）以上政府表彰的加 10 分。					10	
合计得分								

说明：家庭收入状况主要考察农户家庭收入与该县农户家庭平均收入关系。本计分表提供的家庭财产状况标准仅为参考值，各一级分行可结合辖内各地区具体情况调整。家庭收入负债比，如无金融机构负债，该指标得分取中间值分。

调查人：

表 9—3　　**中国农业银行农户小额贷款业务调查、审批表**

经办行：　　　　　支行

借款人申请贷款信息	姓名		贷款用途		贷款额度		元
	贷款期限		贷款方式	□一般贷款方式□自助可循环贷款方式			
	贷款种类	□信用方式					
		担保贷款：□自然人保证□联保小组□法人保证□抵押□质押					
	还款方式	□按　　　月分期还款　□按季（月）结息到期还本　□利随本清					
借款人家庭资产负债情况	家庭财产合计	元	对外担保	元	民间借款		元
	欠金融机构贷款	元，其中欠农行	元、信用社	元、其他银行	元		
借款人家庭收支情况	上年家庭总收入	元，其中农业经营收入	元，非农业经营收入	元			
	上年家庭总支出	元					
	预计借款期间家庭总收入	元	预计借款期间家庭总支出		元		

借款人信用等级评定结果	□优秀 □良好 □一般				
保证人基本情况	姓名		上年家庭总收入	元	上年家庭总支出	元
	姓名		上年家庭总收入	元	上年家庭总支出	元
	姓名		上年家庭总收入	元	上年家庭总支出	元
	姓名		上年家庭总收入	元	上年家庭总支出	元
抵质押情况	抵/质押物名称			抵/质押物价值		元
	抵/质押人			联系电话		
调查意见	经调查，建议为借款人发放要素如下的农户小额贷款：贷款采取□一般贷款方式（借款额度　元，期限　年）□自助可循环方式（可循环借款额度　元，可循环额度期限　年，惠农卡专用子账户比例　%），贷款利率浮动幅度　%，还款方式（□按　月分期还款　□按季（月）结息到期还本　□利随本清），担保方式为　。 调查人：　　　　　调查人： 年　月　日　年　月　日					
审查意见	审查人： 年　月　日					
审批意见	审批人： 年　月　日					

注：实行信贷审批业务网上作业的，不填写调查、审查、审批栏意见。

第十章　农村青年创业小额贷款

🌾 **农家金融**

农行辽宁分行支持 6 299 名辽宁农村青年创业

2010 年以来，农行辽宁分行通过强化与共青团辽宁省委的沟通和协调，制定农村青年创业小额贷款工作流程，加大了对农村青年创业的贷款支持力度。截至 2011 年 2 月末，农行辽宁分行共发放农户小额贷款 26 117 万元，支持 6 299 名农村青年开展创业。

据了解，该行与共青团辽宁省委签订了"支持农村青年创业工作框架合作协议"，同时与共青团辽宁省委联合下发了《关于深入做好农村青年创业小额贷款工作的通知》，明确了贷款的相关政策和要求，并由省分行与共青团辽宁省委联合成立了业务领导小组，各二级分行按照省分行的模式成立相应的领导组织，并与当地团委联合下发了相关落实的文件，选择了试点行积极开展了工作。

为了推动此项工作的开展，各级行积极与各地团委等部门沟通和协调，通过发放信贷业务宣传单，在网点电子显示屏、宣传板上进行展示，网点大堂经理和柜员讲解等形式，对农村青年创业小额贷款业务的低利率、可循环等特点进行了大力宣传；组织开展了"支持农村青年创业、送金融知识下乡"活动，大力推介农行各类产品，普及金融知识。

在贷款投放方面，各支行组织工作人员深入到各乡镇开展广泛调查，了解农村青年创业的资金需求、项目市场、发展前景以及个人资信情况，重点推行以地区特色农业产业链为基础，以优质农业产业化龙头企业和农业合作社等组织为依托的农户贷款业务发展模式，选择烟叶、棚菜、畜牧养殖等农业产业链农户为重点客户群体，对符合贷款条件的农村青年，确定为准入客户，及时发放惠农卡，并拓宽贷款担保方式，实行单人担保、多人分保、农户联保、公司加农户担保等方式办理业务，取得了良好效果。

农行先后发放贷款8万元，支持丹东东港市王景智种植水稻500亩，2010年经营收入达到50万元，净利润实现20万元；农行发放贷款5万元，支持本溪桓仁县赵景赋创办大棚草莓项目，规模较大，种植技术成熟，效益良好，年收入达10多万元；农行发放"公司+农户"型养鸡贷款5万元，支持朝阳北票市王忠花养鸡，该户当年实现利润6万元；农行发放贷款5万元，支持朝阳建平县梁振凯从事肉牛饲养业务，现在该户牛的存栏量达20头，纯收入达6万元。

此外，省分行进一步落实穿透式风险监控的措施，及时了解客户的资金使用情况，定期监控客户经营情况，及时发现潜在风险并进行风险预警，确保贷款安全。

资料来源　谭硕：《农行辽宁分行支持6 299名辽宁农村青年创业》，人民网，2011-03-16。

一、贷款介绍

农村青年创业小额贷款是指与各级团组织合作的农村信用社向农村青年（年龄在40周岁以下）发放的用于生产、经营等创业活动所需的小额贷款。

2009年5月，共青团中央、中国农业银行签署《支持农村青年创业就业合作协议》，按照"试点先行、分步推进"的原则，从8月份开始在全国10个省（区、市）的55个县（市、区）开展农村青年创业小额贷款试点。试点工作取得了扎实成效，探索并形成了适合农村青年小额信贷的工作流程和工作模式。为进一步扩大农村青年创业小额贷款工作覆盖面、加大对农村青年创业就业的扶持力度，共青团中央、中国农业银行决定按照《支持农村青年创业就业合作协议》，在全国开展农村青年创业小额贷款工作。

2009年8月13日，辽宁省农村青年创业（农信社）小额贷款项目正式全面启动。该项目由团省委、省银监局和省农村信用社联合社共同举办，主要面向40周岁以下的农村青年。他们只要提出贷款申请，经团组织初审推荐和农信社调查审核后，即可拿到贷款，并且享受贷款利率在现行执行利率的基础上下浮10%的优惠。

在此项工作中，团省委主要负责为农村青年创业争取政府有关部门的政策支持，与省银监局、省级金融合作单位共同指导项目的总体实施。市级团委主要负责上下协调，统揽本市农村青年创业就业工作，督促监督所属各县（区）项目的实施，探索更加有效安全的合作机制。县（区）级团委负责掌握农村青年创业信息，组织开展农村青年创业培训，向金融机构推荐优良项目，协助办理有关贷款手续，对创业贷款青年开展诚信教育，协助做好贷款清收工作。截止到7月底，全省各级团组织和各级涉农金融单位已协议授信3.5亿元，已发放就业创业小额贷款2 866笔，累计贷款资金1.4亿元，直接带动全省农村青年就业26 000余人。

另据悉，按照团中央与中国银监会联合签署的《关于实施农村青年创业小额贷款的指导意见》的相关要求，辽宁省各级团组织已经陆续开展了农村青年创业小额贷款培训工作和送金融知识下乡工作，有效地帮助广大农村青年提升获取金融服务和运用金融工具的能力，更好地扶持农村青年创业就业。

🌾 小资料

共青团中央、中国农业银行关于全面推进
农村青年创业小额贷款工作的指导意见
中青联发［2010］11号

共青团各省、自治区、直辖市委，新疆兵团团委，中国农业银行各

省、自治区、直辖市分行，新疆兵团分行，各直属分行：

2009年5月，共青团中央、中国农业银行签署《支持农村青年创业就业合作协议》，按照"试点先行、分步推进"的原则，从8月份开始在全国10个省（区、市）的55个县（市、区）开展农村青年创业小额贷款试点。目前，试点工作取得扎实成效，已经探索形成适合农村青年小额信贷的工作流程和工作模式。为进一步扩大农村青年创业小额贷款工作覆盖面、加大对农村青年创业就业的扶持力度，共青团中央、中国农业银行决定按照《支持农村青年创业就业合作协议》，在全国开展农村青年创业小额贷款工作。

一、指导思想

以邓小平理论和"三个代表"重要思想为指导，深入贯彻落实科学发展观，贯彻党的十七届三中、四中全会和中央经济工作会议、中央农村工作会议精神，着眼于促进农村青年就业创业、推动现代农业和县域经济发展，发挥共青团组织优势和农业银行资金优势，以小额贷款为载体，以金融产品和服务方式创新为动力，着力解决农村青年创业过程中的资金瓶颈问题，为帮助农村青年增收致富、加快新农村建设作出贡献。

二、工作目标

以小额信贷为载体，每年发放50亿元以上农村青年创业小额贷款；每年向农村青年发放100万张惠农卡；每年重点扶持20万名申请小额贷款农村青年自主创业；每年对50万农村青年开展金融知识培训；每年创建10万个农村青年信用示范户。视工作推进情况，可逐步增加指标额度。

三、工作内容

（一）发放小额贷款

县级团委和农业银行具体负责本地农村青年创业小额贷款工作。

1. 筛选推荐

各级团组织调查、了解农村创业青年底数，进行信息汇总、数据统计并建立档案，向农村创业青年提供金融咨询。通过评议小组、公推公示等方式对申请贷款的农村青年进行初步调查和评议，内容包括：了解贷款申请人和担保人的信用状况，听取项目陈述，察看项目经营地，查阅经营证照、场地租赁合同等文件，了解市场开发计划、技术掌握情况、财务管理能力等。选择其中条件较好的申请人向农业银行推荐。

2. 受理调查

农业银行收到团组织提交的推荐名单后，根据农业银行相关信贷制度要求，对被推荐人的家庭基本情况、信用记录、经营管理能力、生产经营状况、担保人的担保能力等进行实地调查，对符合准入条件的，将有关信贷资料送交农业银行审查岗审查。对调查认为不符合贷款条件的，农业银行终止信贷程序，并及时通知团组织和贷款申请人。

3. 审查审批

农业银行在对农村青年创业贷款申请人和担保人主体资格、信贷风险等方面内容进行审查后，就是否同意贷款以及贷款的额度、期限、利率、还款方式、担保方式等提出明确意见，并送交有权审批人审批。有权审批人在授权范围内，根据调查、审查结论等因素审批农村青年创业贷款业务事项。从受理调查到贷款发放一般应在 5 个工作日内办结。审查审批环节中，对移交的信贷资料不全、调查内容不完整、不清晰的农村青年创业贷款业务，团组织应协助补充完善贷款资料，以促进及早发放贷款。

4. 贷后管理

各级团组织联合农业银行建立贷款农村青年信息库，对贷款农村青年进行定期走访，了解其生产经营状况、贷款使用情况，提供创业帮扶，及时向农业银行提供贷款人的生产经营等情况。农业银行按照有关信贷制度要求，通过实地检查、电话访谈等方式对贷款进行检查。农业银行对贷后检查中发现有可能影响客户还款能力事项的，应及时采取减少客户授信额度、补充担保物或增加担保人、提前收回贷款、终止用信等经济及法律措施控制风险。

5. 贷款收回

团组织要积极协助农业银行做好贷款到期还款提示等工作。除金融机构对借款人信用评价外，团组织要通过团组织的奖惩机制，增强借款人诚信履约意识。贷款到期前，农业银行应采取各种有效方式及时通知借款人按时归还贷款。对到期尚未归还贷款的农村青年，农业银行应按规定及时提起诉讼。

（二）创新小额贷款担保方式

各地要积极探索创新自然人担保、联保、有经济功能的组织担保等多种担保方式，探索发展农用生产设备、林权、水域滩涂使用权等抵押贷款，规范发展应收账款、股权、仓单等权利质押贷款。鼓励各类信贷担保机构通过再担保、联合担保等多种方式，对农村青年创业小额贷款进行担保。积极推动"公司＋农户"、"公司＋中介组织＋农户"、"公司＋专业市场＋农户"、"农民专业合作社＋社员"等信贷模式。有条件的地方，要加强与保险公司合作，积极推动保证保险贷款。

（三）落实小额贷款贴息政策

各地要积极落实人力资源和社会保障部、共青团中央联合出台的小额贷款贴息政策《关于做好青年就业创业工作的通知》（人社厅发〔2009〕96号），通过争取地方人保部门支持，对经团组织集中推荐、符合小额担保贷款借款人条件的创业青年，及时为其办理担保和贴息贷款核贷手续。同时，要争取地方政府支持，推动设立青年创业基金，为农村青年创业提供担保、贴息、奖励等扶持。

（四）开展金融知识培训

各地要按照团中央、中国银监会"送金融知识下乡"活动的有关要求，结合地方实际，由团组织牵头，农业银行予以支持，对农村创业青年和基层团干部进行小额贷款和创业项目培训。农业银行要加大对农村青年金融知识培训的投入力度，各营业网点（县级以下，含县级）要通过制作专门的农村青年创业小额贷款流程图、设立业务咨询台、开通农村金融服务热线、开办金融知识宣传栏，为农村青年及时解疑答惑。

（五）推动农村青年信用示范户建设

各地团组织要充分发挥组织和动员优势，深入县、乡（镇）、村，以专题培训、实践活动、典型宣传等方式，广泛开展诚信意识教育，引导农村青年诚实劳动、诚信贷款。团组织与农业银行要联合制定符合本地实际的农村青年信用示范户评价标准，共同对农村青年开展信用评定，创建不同等级的信用示范户，并以此作为申请小额信用贷款的重要依据。

四、工作模式

在前期农村青年创业小额贷款项目试点过程中，团银双方充分发挥各自优势，积极探索创新工作方法，形成了许多可供借鉴的典型模式。

（一）贷前审查环节

一是评议小组模式，以村或乡为单位，由村干部、团干部、青年代表等组成信用评定小组，对申请贷款农村青年进行信用初步评定，评定合格的推荐给银行。二是公推公示模式，以村为单位召开村民代表会议，对申请贷款青年进行集体评议，推出拟推荐贷款人选并张榜公示，公示期满无异议的，由团组织向银行推荐。三是团银联评模式。团组织与银行联合成立贷款审核小组，共同对农村青年贷款申请进行审核，审核合格后直接进入银行贷款审批程序。

（二）贷款发放环节

一是整镇整村推进模式，团组织和银行联合选择信用度高、有产业支撑、创业青年集中连片的乡镇、村，集中开展贷前调查，批量审批，批量放贷。二是集中审贷模式，团组织和银行根据农业生产周期，在农忙季节，集中开展贷款申报和审批。三是随到随审模式，团组织将贷款申请受理日常化，农村青年可以随时向团组织递交贷款申请，团组织审查合格后每月向银行推荐。

（三）贷后服务环节

一是基地示范模式，团组织与银行联合建立农村青年小额贷款创业示范基地，发挥贷款创业成功青年的示范作用，影响和带动农村青年创业发展。二是导师指导模式，团组织联合劳动、农业、科技、金融等部门，成立农村青年创业导师团，按农村创业青年的需求配备导师，提供政策、信息、技术、金融等指导。三是协助贷后检查模式，团组织协助银行做好农村青年创业贷款的日常跟踪管理、贷款客户回访、到期还款提示等工作。

各级团组织和农业银行应进一步因地制宜，开拓创新，探索适合当地业务健康发展的多种工作方式方法。

五、保障措施

（一）成立工作领导机构

共青团中央和中国农业银行联合成立农村青年创业小额贷款工作领导小组，负责总体组织和协调。领导小组下设办公室，设在共青团中央农村青年工作部、中国农业银行农户金融部，负责具体组织工作和信贷管理工作。省、市、县三级团组织和农业银行要成立相应工作机构，原则上团委书记和农业银行行长为当地项目领导小组组长，并指定专人负责该项工作，按照"分工负责、合作共赢"的原则开展工作。

（二）建立沟通督导机制

省、市、县三级团组织和农业银行要层层建立月报制度，将工作开展情况单独统计并报上级团组织和农业银行。实行联席会议制度，确保各项工作顺利对接、稳步推进。建立健全工作督导机制，定期抽查和督导各地工作，及时发现并解决工作中的问题。

（三）完善工作激励机制

上级团组织和农业银行要针对基层团组织和农业银行开展工作的实际情况，采取切实有效的激励措施，调动基层团组织和农业银行的工作积极性。各级团组织和农业银行要主动向地方政府汇报，争取对农村青年创业小额贷款工作给予支持和激励。

附件：共青团农村青年创业小额贷款工作流程图（略）

共青团中央

中国农业银行

二〇一〇年四月十九日

二、相关规定

1. 额度

根据有关文件规定，农村青年创业小额信用贷款额度原则上控制在 3 万元以内，一般不超过 5 万元；抵押、质押和保证担保贷款视借款人实际风险状况，可在信用贷款额度基础上适度提高。

2. 期限

农村青年创业小额贷款期限根据农业生产的季节特点、创业贷款项目生产周期和借款人综合还款能力等因素，灵活确定贷款期限，贷款期限一般设定在 3 年以内，最长不超过 5 年。

3. 利率

为支持农村青年加快创业发展，有关文件规定，按照"保本微利"的运营方式，贷款利率在人民银行公布的同期贷款利率基础上可给予适当优惠。

4. 担保方式

农村青年创业小额贷款的担保方式，要结合实际，在法律规定的框架内探索创新。可以采用自然人担保、法人担保、联保、担保公司等保证方式，也可采用房产、林权等抵押方式，还可采用"公司+农户"、"公司+中介组织+农户"、"公司+专业市场+农户"、"农民专业合作社+社员"等信贷模式，围绕农业产业化来降低创业贷款项目经营风险，并综合运用信用共同体、担保基金和风险保证金等联合增信方式来降低贷款风险。

三、贷款条件

1. 申请条件

申请农村青年创业贷款需具备以下条件：

（1）年龄在40周岁（含）以下，具有完全民事行为能力；

（2）遵纪守法，诚实守信，无不良信用记录；

（3）有创业愿望和一定基础；在农村信用社辖区内有固定住所或经营场所；具有偿还贷款本息的能力；

（4）创业投资项目符合国家产业政策；

（5）在贷款发放机构开立个人结算账户；

（6）自愿接受贷款发放机构对其账户资金的监督；

（7）农村信用社规定的其他条件。

2. 需提交的材料

申请农村青年创业小额贷款要按照团组织和农村信用社的具体要求提供相关材料，一般包括借款申请人及其家庭主要成员基本情况，包括居民身份证、户口簿、其他有效身份证明等；从事个体经营的还需要营业执照、税务登记证、组织机构代码证、特殊行业经营许可证、开户证明、收入证明、承包合同或合作协议等证明材料；需要提供担保的，还要提供担保资料；农村信用社认为需要提供的其他资料。

四、办理流程

办理农村青年创业小额贷款的主要流程是：

（1）申请，符合条件的农村青年因创业需要贷款的，可向当地基层团组织提出申请；

（2）初审，基层团组织接到农村青年创业借款申请人申请后，应及时对申请人的基本条件、创业项目等内容进行审查，并提出初审意见；

（3）推荐，经基层团组织初审符合条件的，基层团组织要及时

推荐给当地农村信用社;

（4）调查，农村信用社接到基层团组织推荐的申请人名单后，应及时落实信贷人员进行调查，其中对经调查不符合贷款条件或不能全额满足农村青年资金需求的，要及时反馈借款申请人;

（5）评级，农村信用社根据调查情况，按照有关评级规定对申请人进行评级，其中对经调查、评级不符合贷款条件或不能全额满足农村青年资金需求的，要及时反馈给借款申请人;

（6）授信，农村信用社经调查、评级符合贷款条件的，及时按贷款程序对申请人进行审查、审批、授信;

（7）发放，农村信用社根据调查、审查、审批、授信情况，按有关贷款程序及时向申请人发放贷款;

（8）反馈，农村信用社要及时将创业贷款的发放情况给基层团组织，并定期将受理情况、授信额度、信用额度、贷款实际发放量等情况报当地团组织备案。

五、贷款申请表

农村青年创业小额贷款的申请表样表见表10—1。

表10—1　　　　　农村青年创业小额贷款申请表

申请人	姓名		身份证号码												
	地址														
生产（经营）专业及规模						自有资金									
						年收入									
原欠贷款余额						其中：逾期贷款									
借款额度			人民币（大写）			十	万	千	百	十	元					
借款用途						贷款方式									

借款期限	自　年　月　日至　年　月　日止		
是否申请创业信用卡	申请金卡	申请银卡	不申请

　　兹声明申请人对上表所列内容如实填报无讹，保证对所借贷款做到专款专用和有借有还、按期归还。

申请人签名（盖章）

年　月　日

　　本人（或单位）自愿为申请人担保，声明本表所填写的各项内容均真实无讹，当贵行与申请人联系中断或申请人无力偿还借款及利息时，不论何种原因，本人（或单位）均自愿放弃抗辩权，承担连带保证责任，并负责将申请人尚未偿还的所有债务清还。

担保人（或单位）签名（盖章）

年　月　日

乡镇、街道团委推荐意见： 年　月　日	基层涉农金融机构意见： 信贷员（签名） 负责人（签名） 　　　　　年　月　日
团县（区）委推荐意见： 年　月　日	县级涉农金融机构意见： 　　　　　年　月　日

第十一章　助学贷款

农家金融

助学贷款圆农家子弟大学梦

某村的孩子小张，2008年被某大学录取，学制4年。当年8月申请生源地信用助学贷款，申请贷款5 000元，贷款期限14年。小张报到后在规定期限内将借款合同回执寄回县资助中心，回执确定的学费和住宿费欠缴金额为4 500元。经银行审批通过后，县资助中心通过代理结算行或第三方支付平台将4 500元划付该大学，剩余500元用于小张生活费。

2009年小张再次申请贷款，申请贷款金额4 000元，贷款年限12年（最高13年）。

在2008年放款日至2012年8月31日期间，小张的贷款利息由财政全额承担。2012年12月20日，小张要偿还2012年9月1日到12月20日之间的利息（毕业后2年内只偿还利息）。2014年12月20日，除应还利息外，小张还应偿还当年贷款本金，第一笔贷款应还本金为556元，第二笔贷款应还本金为500元，合计应还本金为1 056元。

资料来源　http：//www.cgjyw.net/newsInfo.aspx?pkId=4503，经过改编。

对于很多农户来说，孩子考上高等院校，既是一件令人高兴的好事，同时也是一件令人倍感压力的愁事。高兴的是孩子将来有出息了，愁的是送子女上大学是家庭很大的一项负担。近几年，读书无用论又渐起，有的家庭甚至因为学费负担而放弃了让孩子上大学，实在令人遗憾。因为，即使最极端的情况，农家子弟上大学不一定能改变命运，但不上大学却一定改变不了命运。正规的大学还是对人的一生有很大的积极影响的。从社会层面上看，农家子弟不能因读书而改变命运，会导致"锁定"现象，如果一个群体看不到希望，那对古今中外任何一个社会，都是最危险的事情。我国开办了国家层面的贷款，辽宁省也开办了生源地贷款。虽然助学贷款不是单独针对农户设立的，但根据教育部门的调查，上学难主要集中在农村，因此，助学贷款无疑是农家的"及时雨"和"圆梦人"。本章就来对此进行专门介绍。

一、国家助学贷款

1. 贷款介绍

为了解决贫困学子上不起学的问题，我国于1999年开始实施国家助学贷款政策。

国家助学贷款对象是普通高等学校家庭经济困难的全日制本专科生（含高职生）、研究生和第二学位学生；贷款金额最高限额为每人每学年6 000元，限于学生的学费、生活费和住宿费；借款学生在校期间的贷款利息全部由财政补贴，学生毕业后执行中国人民银行规定的同期限利率；贷款还款期限从借款人毕业之日起，视就业情况，在1~2年后开始还款，最长不超过6年，特殊情况下，借款学生可向贷款银行申请展期。

目前，辽宁省国家助学贷款承办银行是中国银行辽宁省分行，它的服务热线是95566。

2. 贷款条件

申请国家助学贷款应具备的条件是：

①家庭经济困难；

②具备完全民事行为能力；

③诚实守信，遵纪守法，品德优良；

④学习刻苦，能够修满学业规定的学年度最低学分，正常完成学业。

申请国家助学贷款应提供的材料有：

①本人（指学生）对家庭经济困难情况的说明；

②经办银行统一制定的"助学贷款申请表"；

③本人学生证和居民身份证复印件，两寸免冠彩照两张；

④父、母有效身份证件复印件（未成年人须提供法定监护人的有效身份证明和书面同意借款证明），校方见证人身份证复印件；

⑤乡、镇政府（街道办事处）和县级民政部门对其家庭经济状况的证明材料；

⑥有效学籍证明，新生提供"入学通知书"的复印件，老生提供"学生证"、当年学习成绩复印件；

⑦ 经办银行统一制定的"助学贷款见证人承诺书"。

3. 贷款程序

国家助学贷款的程序如下所示：

学生提交申请材料→院（系）初审公示→学生资助中心审核公示→计财处汇签→学校办公室盖章→银行审批→学生签订贷款合同→银行发放贷款。

4. 贷款申请表

国家助学贷款申请表请见表11—1。

表11—1　　　　　　　　　　国家助学贷款申请表

借款人姓名		性别		□男□女	出生年月		年　　月	
学院		专业		学制		学号		
户籍所在地					邮政编码			
家庭居住地					邮政编码			
身份证号码					家庭电话			
家庭人口		家庭月收入		家	家庭人均月收入			

家庭成员及其经济收入情况	称谓	姓名	年龄	身份证号码	职业	工作单位	月收入

家庭经济困难概况	

高考成绩	
申请贷款类型	□学费贷款　　□生活费贷款
申请贷款金额	总额_____元　其中：学费贷款_____元　生活费贷款_____元 （按现行政策规定，学生通过申请国家助学贷款，每人每学年最高不超过6 000元贷款数额）
贷款期限	贷款：_____个月　自_____年_____月至_____年_____月 （国家助学贷款的期限一般不超过八年。国家助学贷款利率按中国人民银行规定的同期利率执行，不上浮。现行年利率为：三至五年（含）：5.58%，五年以上：5.76%）
申请贷款年度	201___—201___学年　201___—201___学年　201___—201___学年

　　本人保证以上填写内容真实无误，严格遵守国家、经办银行以及国家助学贷款的各项规定，承诺正确使用所贷款项并按规定履行还款义务。

借款申请人：　　　　　　年　月　日

学院审核意见	 　　　　　　　　　　（签章）：

××省学生贷款管理办公室制

二、生源地信用助学贷款

为切实帮助高等学校家庭经济困难学生顺利入学并完成学业，方便其办理助学贷款，各省开办有生源地信用助学贷款，以下就以辽宁省为例进行介绍，全国各省根据本省情况制定有具体办法，总体相近。

1. 贷款概况

辽宁省从 2011 年秋季开始在全省开办生源地信用助学贷款业务。

农村家庭申请辽宁省生源地信用助学贷款可向当地农村信用社咨询，也可通过服务热线 96888 咨询。农村信用社参与生源地助学贷款优势更明显。从 2002 年起，辽宁省在全国率先实施生源地助学贷款。据辽宁省农村信用社介绍，农村信用社参与生源地助学贷款有其独特优势：一是农村信用社具有人缘、地缘、点多面广的优势；二是信贷员对其负责的农户家的状况十分熟悉，特别是对他们的家庭收入和家长信誉比较了解，能够有效化解金融机构的信贷风险。

辽宁省生源地信用助学贷款是由生源地信用助学贷款经办银行向符合条件的家庭经济困难的高校新生和在校生（以下称借款人）发放的，且在其入学前户籍所在县（市）、区的学生资助管理中心和经办银行办理的助学贷款。

生源地信用助学贷款不需要担保或抵押，学生和家长（或其他法定监护人）为共同借款人，共同承担还款责任。

生源地信用助学贷款的用途是帮助家庭经济困难学生支付在校期间的基本学费和住宿费。贷款金额原则上不低于 1 000 元（含），最高限额为每人每学年 6 000 元（含）。

生源地信用助学贷款实行按学年度申请、审批和发放。

借款人在校期间的贷款利息由政府全额承担，借款人毕业后的贷款利息，由借款人和家长（或其他法定监护人）共同负担。

生源地信用助学贷款利率按照中国人民银行公布的同期基准利率

执行。

生源地信用助学贷款期限，按全日制本专科学制加 10 年确定，最长不超过 14 年。借款人和家长（或其他法定监护人）在借款期限内，按借款合同约定，按年度分期偿还贷款本金和利息。

2. 贷款条件

（1）生源地信用助学贷款的申请条件

①具有中华人民共和国国籍（具有辽宁省户籍）；

②诚实守信，遵纪守法；

③凡经参加普通高校招生考试、已被国内全日制普通本科高校、高等职业学校和高等专科学校（含民办高校和独立学院，学校名单以教育部公布的为准）正式录取，取得真实、合法、有效的录取通知书的新生或高校在读（二年级以下）的本专科学生、研究生和第二学位学生；

④学生本人入学前户籍、其父母（或其他法定监护人）户籍均在本县（市）、区；

⑤家庭经济困难，所能获得的收入不足以支付在校期间完成学业所需的基本费用。

（2）生源地信用助学贷款需要提交的材料

借款人为当年考取普通高校且尚未入学的新生，应提交以下材料：

①《生源地信用助学贷款申请表》（在各县（市）、区学生资助管理中心处领取）；

②《申请辽宁省生源地信用助学贷款借款人家庭经济困难情况证明》（在各县（市）、区学生资助管理中心处领取，需加盖村（社区）、乡镇（街道）民政部门、原就读高中公章）；

③借款人的身份证、新生录取通知书原件、复印件及学校相关收费标准、开户行名称和账号；

④借款人的父母或者其他法定监护人的身份证、户口本的原件及复印件。

借款人为已入校就读的学生，应提交以下资料：

①《生源地信用助学贷款申请表》（在各县（市）、区学生资助管理中心处领取）；

②《申请辽宁省生源地信用助学贷款借款人家庭经济困难情况证明》（在各县（市）、区学生资助管理中心处领取，需加盖村（社区）、乡镇（街道）民政部门、原就读高中公章）；

③借款人的身份证、学生证原件及复印件；

④借款人的父母或者其他法定监护人的身份证、户口本的原件及复印件；

⑤就读学校提供的相关收费标准、开户行名称和账号及欠缴学费证明。

3. 程序

申请生源地信用助学贷款的开办程序为：申请生源地信用助学贷款的学生，在高校开学前，向所在县（市）区的学生资助管理中心提出贷款申请，填写《辽宁省生源地信用助学贷款申请表》，并上交相关证明材料。县（市）、区级学生资助管理中心负责对贷款申请人进行资格审核，经审批同意后，报经办银行，经办银行负责最终审批并发放贷款。

4. 贷款的偿还

借款人毕业离校前，应当与贷款人进行债务确认，签订生源地信用助学贷款还款确认书，制订还款计划。借款人可以选择借款的偿还方式，允许其一次或分次提前还贷。提前还贷的，贷款人应当按照贷款实际期限计算利息，不得加收除应收利息之外的其他任何费用。借款人毕业离校前，应当在贷款人处开立个人还款账户，保证在每次还款日前足额存入当期应还款额，由贷款人直接从账户中扣收。

5. 贷款申请表

生源地信用助学贷款申请表请见表11—2。

表 11—2　　　国家开发银行生源地信用助学贷款申请表

省（市）　　　　　县（市、区）　　　　编号：　　　　　号

借款人基本信息	借款学生姓名		身份证号码		性别		出生日期		年　月
	户籍所在地								
	现详细住址		省（市）　县（市、区）　乡镇（街道）　　　（邮编：　）						
	毕业中学				邮编				
	共同借款人姓名		与借款学生关系				联系电话		
	户籍所在地								
	家庭详细住址		省（市）　县（市、区）　乡镇（街道）　　　（邮编：　）						
	家庭状况描述（在□打√，可多选）		▲家庭人口_____（人），年收入_____（元） ▲申贷原因：□因病致困　□因灾致困　□劳动力少，无稳定收入 　　　　　　□其他_____（填写）						
	录取院校				专业		学制		
	学校类别（在□打√）		□普通高校　　　　　□部属院校　　　　□本省院校 □高等职业学校　　　□地方院校　　　　□外地院校						

申请贷款情况	申请贷款金额	入学第一年	第二年	第三年	第四年	第五年
	贷款期限（在□打√）	□12年　　　□13年　　　□14年				

村委（居委会）审查意见：

　　借款学生、共同借款人情况属实，同意推荐。

　　　　　　　　　　　　　　　　（加盖公章）

　　　　　　　　　　　　　　　　　　　_____年___月___日

县（市、区）资助中心审查意见：

　　　　　　　　　　　　　　　　（加盖公章）

　　　　　　　　　　　　　　　　　　　_____年___月___日

填表说明：

1. 本表是符合条件的家庭经济困难的普通高校新生和在校生，入学前在户籍所在县（市、区）向国家开发银行申请助学贷款的申请审批表。申请助学贷款的学生须如实填写表内所列示的各类信息。

2. 借款学生户籍所在地应为本县（市、区）；借款人必须是已被国家各级教育主管部门认定的普通高校或高等职业学校正式录取，并取得真实、合法、有效的录取通知书的学生；借款学生家庭确实为经济困难家庭，借款学生需诚实守信、遵纪守法、无违法违纪记录。

3. 共同借款人主要是指借款学生父母。如借款人为孤儿，共同借款人则为其他法定监护人或自愿与借款学生共同承担还款责任的具备完全民事行为能力的自然人。

4. 学校类别根据录取院校的性质复选其中三项，并在相应位置打√。

5. 借款学生应根据录取院校、专业的学制选择申请贷款的期限。贷款期限应是在校年限+10 年，并最长不超过 14 年。例如，学制 3 年，贷款期限应为 13 年；学制 4 年，贷款期限应为 14 年；学制 5 年，贷款期限应为 14 年。

6. 申请贷款金额的上限是 6 000 元/年。

7. 村委（居委会）审查意见须经办人签字并加盖村委（居委会）公章。

8. 本表一式两份，由县（市、区）资助中心统一发放管理。

三、注意事项

1. 避免违约

助学贷款是给我们贫困家庭的温暖和希望，孩子们更应该发奋图强，信守贷款承诺。如果违约的话，将承担以下后果：

（1）借款学生如未按照与经办银行签订的还款协议约定的期限、数额偿还贷款，经办银行将对其违约还款金额计收罚息。

（2）经办银行将违约情况录入中国人民银行的个人信用信息基础数据库，供全国各金融机构依法查询。对恶意拖欠贷款的违约借款人采取限制措施，不予提供住房贷款、汽车贷款等金融服务。

（3）对于连续拖欠还款行为严重的借款人，有关行政管理部门和银行将通过新闻媒体和网络等信息渠道公布其姓名、公民身份证号、毕业学校及具体违约行为等信息。

（4）严重违约的贷款人还将承担相关法律责任。

2. 不能重复贷款

已经在高校获得国家助学贷款的学生，不能再向户口所在地的农村信用社申请辽宁省生源地助学贷款；同样，已经获得辽宁省生源地助学贷款的受益学生，也不能再到高校申请国家助学贷款。

第十二章　农民专业合作社贷款、农业专项贷款

🌾**农家金融**

农民专业合作社贷款，支农新亮点

向农民专业合作社发放贷款 5 962 万元，为合作社成员发放贷款 91 036 万元……截至目前，山东省农村信用社与全省 257 个农民专业合作社建立了信贷关系，为农村经济发展和农民持续增收增添了新的动力。

蔡成吉今年种了 10 亩有机韭菜，但每亩大棚 4 万多元的投入让他犯了愁。"多亏了农信社对俺村合作社的支持，一次就贷给俺 20 万元，解决了俺的资金难题。"蔡成吉笑着说。

蔡成吉所在的沂源县悦庄镇消水村有着悠久的韭菜种植历史，但由于农民市场意识淡薄，往往增产不增收。2007 年 3 月，村支书王建国联合 47 户农民入股，成立了沂源县建国有机韭菜专业合作社，种起了有机韭菜。但是资金不足成了合作社成立之初的首要问题。悦庄农信社经过考察审批，及时为合作社提供 200 万元资金支持，帮助开展标准化生产。去年产品上市后，许多超市上门收购，价格达每公斤 120 元，一年出三茬韭菜，每亩地纯收入 7 万多元。如今，在当地农信社支持下，合作社入股社员已发展到 215 户，种植韭菜、蔬菜大棚 1 000 余亩，带动周边 5 000 余农户增收。

同沂源县建国有机韭菜专业合作社一样，近年来，农民专业合作组织蓬勃发展，有力推动了农业规模化、标准化、产业化进程。山东省农信社瞅准时机，依托农民专业合作社发放农户贷款，解决了单个

农户贷款额度小、期限短等问题，为农民增收提供了源源不断的动力。

针对部分合作社和社员贷款担保困难，山东农信社根据农民专业合作社的特点，积极开办"大联保体"贷款。大联保体以农民专业合作社为单位，由合作社的全体社员自愿组成，合作社提供连带担保，农信社对社员、大联保体成员实行更高的授信额度和更低的贷款利率。此外，农信社还推出了养殖水面使用权、经济林权等多项权利抵押、龙头企业担保等多种贷款方式，并实行"额度提高、期限延长"的信贷扶持政策，进一步促进了农民专业合作社发展。

莒南县涝坡镇养牛业发展迅速，该镇裕祥肉牛养殖专业合作社与社员之间联系紧密，形成了"统一购进，集中销售"的管理模式，业务范围辐射周边大店、板泉、路镇等多个乡镇以及莒县、临沭等县的20多个乡镇。这些有利条件坚定了当地农信社支持其发展的信心。经过调研和前期论证，农信社对加入合作社的养牛户全部进行评级授信并建立了专门档案。在合作社参与下，社员自愿组成不少于3人的联保小组，由农信社提供贷款支持。

截至目前，当地农信社已累计向合作社及其成员发放贷款980万元，促进了该镇养牛业快速发展。如今，合作社成员已发展到118户，年销售成牛6 000多头，肉牛存栏5 600余头，为农民增收1 700多万元。

针对全省各地农民专业合作社发展参差不齐的状况，山东省农信联社制定实施了《农民专业合作社贷款指引》，确定了"宜社则社、宜户则户"的办贷方式，多渠道支持农民专业合作社健康发展。潍坊、临沂、泰安、枣庄等地农信社开展了直接面向合作社法人的信贷业务。而东营市农村信用社对全市200多家专业合作社进行考察，筛选出了40个符合贷款条件的专业合作社，采取支持合作社主体和支持专业合作社成员两种方式进行大力扶持。

针对农民专业合作社的生产经营特点，为适应市场需求变化，山东省农信社逐级加大对农民专业合作社及其社员的贷款授权。对社员实行贷款证贷款方式，可直接到柜台办理，在授信额度内"随用随贷、周转使用"。对效益好、还款能力强的社员，农信社经过考察审批后，最高贷款额度可突破 30 万元。同时，将资金需求量较大的合作社贷款集中到县级联社统一管理，实行电子化审批，提高了办贷效率。与其他贷款相比，对农民专业合作社及其社员的贷款在同等条件下"资金优先、利率优惠"，同时贷款利率较其他贷款在上浮幅度上下调 10% 至 30%，让利于合作社及其社员，切实促进了农民持续增收。

　　资料来源　温跃、朱锋、王国政：《农民专业合作社　贷款支农新亮点》，载《金融时报》，2009-06-16。

一、农民专业合作社贷款

1. 贷款介绍

　　农民专业合作社贷款一般指农村信用社向辖区内农民专业合作社及其成员发放的贷款。针对农民专业合作社组织形式的特点和经营管理水平，采取"宜社则社，宜户则户"的办贷方式。

　　农民专业合作社是指按照我国农民专业合作社法规定，经工商行政管理部门核准登记的农民专业合作社。

　　《中华人民共和国农民专业合作社法》是 2006 年 10 月 31 日由全国人大十届常委会第 24 次会议通过的，自 2007 年 7 月 1 日起开始施行。农民合作社对农民发家致富、促进农村经济发展起到了重要的作用，已成为一种新型的农村生产经营方式。农村金融机构在扶持农民合作社过程中发挥了主力军作用，促进了当地农村经济的发展。

　　小资料

中华人民共和国农民专业合作社法（节选）

第一章　总则

第一条　为了支持、引导农民专业合作社的发展，规范农民专业合作社的组织和行为，保护农民专业合作社及其成员的合法权益，促进农业和农村经济的发展，制定本法。

第二条　农民专业合作社是在农村家庭承包经营基础上，同类农产品的生产经营者或者同类农业生产经营服务的提供者、利用者，自愿联合、民主管理的互助性经济组织。

农民专业合作社以其成员为主要服务对象，提供农业生产资料的购买，农产品的销售、加工、运输、贮藏以及与农业生产经营有关的技术、信息等服务。

第三条　农民专业合作社应当遵循下列原则：

（一）成员以农民为主体；

（二）以服务成员为宗旨，谋求全体成员的共同利益；

（三）入社自愿、退社自由；

（四）成员地位平等，实行民主管理；

（五）盈余主要按照成员与农民专业合作社的交易量（额）比例返还。

第四条　农民专业合作社依照本法登记，取得法人资格。

农民专业合作社对由成员出资、公积金、国家财政直接补助、他人捐赠以及合法取得的其他资产所形成的财产，享有占有、使用和处分的权利，并以上述财产对债务承担责任。

第五条　农民专业合作社成员以其账户内记载的出资额和公积金份额为限对农民专业合作社承担责任。

第六条　国家保护农民专业合作社及其成员的合法权益，任何单位和个人不得侵犯。

第七条　农民专业合作社从事生产经营活动，应当遵守法律、行政法规，遵守社会公德、商业道德，诚实守信。

第八条　国家通过财政支持、税收优惠和金融、科技、人才的扶持以及产业政策引导等措施，促进农民专业合作社的发展。

国家鼓励和支持社会各方面力量为农民专业合作社提供服务。

第九条　县级以上各级人民政府应当组织农业行政主管部门和其

他有关部门及有关组织，依照本法规定，依据各自职责，对农民专业合作社的建设和发展给予指导、扶持和服务。

第二章　设立和登记

第十条　设立农民专业合作社，应当具备下列条件：

（一）有五名以上符合本法第十四条、第十五条规定的成员；

（二）有符合本法规定的章程；

（三）有符合本法规定的组织机构；

（四）有符合法律、行政法规规定的名称和章程确定的住所；

（五）有符合章程规定的成员出资。

第十一条　设立农民专业合作社应当召开由全体设立人参加的设立大会。设立时自愿成为该社成员的人为设立人。

设立大会行使下列职权：

（一）通过本社章程，章程应当由全体设立人一致通过；

（二）选举产生理事长、理事、执行监事或者监事会成员；

（三）审议其他重大事项。

第十五条　农民专业合作社的成员中，农民至少应当占成员总数的百分之八十。

成员总数二十人以下的，可以有一个企业、事业单位或者社会团体成员；成员总数超过二十人的，企业、事业单位和社会团体成员不得超过成员总数的百分之五。

第四章　组织机构

第二十四条　农民专业合作社成员大会每年至少召开一次，会议的召集由章程规定。有下列情形之一的，应当在二十日内召开临时成员大会：

（一）百分之三十以上的成员提议；

（二）执行监事或者监事会提议；

（三）章程规定的其他情形。

第二十五条　农民专业合作社成员超过一百五十人的，可以按照章程规定设立成员代表大会。成员代表大会按照章程规定可以行使成员大会的部分或者全部职权。

第二十六条　农民专业合作社设理事长一名，可以设理事会。理事长为本社的法定代表人。

农民专业合作社可以设执行监事或者监事会。理事长、理事、经理和财务会计人员不得兼任监事。

理事长、理事、执行监事或者监事会成员，由成员大会从本社成员中选举产生，依照本法和章程的规定行使职权，对成员大会负责。

理事会会议、监事会会议的表决，实行一人一票。

第三十一条　执行与农民专业合作社业务有关公务的人员，不得担任农民专业合作社的理事长、理事、监事、经理或者财务会计人员。

第五章　财务管理

第三十六条　农民专业合作社应当为每个成员设立成员账户，主要记载下列内容：

（一）该成员的出资额；

（二）量化为该成员的公积金份额；

（三）该成员与本社的交易量（额）。

第七章　扶持政策

第四十九条　国家支持发展农业和农村经济的建设项目，可以委托和安排有条件的有关农民专业合作社实施。

第五十条　中央和地方财政应当分别安排资金，支持农民专业合作社开展信息、培训、农产品质量标准与认证、农业生产基础设施建设、市场营销和技术推广等服务。对民族地区、边远地区和贫困地区的农民专业合作社和生产国家与社会急需的重要农产品的农民专业合作社给予优先扶持。

第五十一条　国家政策性金融机构应当采取多种形式，为农民专业合作社提供多渠道的资金支持。具体支持政策由国务院规定。

国家鼓励商业性金融机构采取多种形式，为农民专业合作社提供金融服务。

第五十二条 农民专业合作社享受国家规定的对农业生产、加工、流通、服务和其他涉农经济活动相应的税收优惠。

支持农民专业合作社发展的其他税收优惠政策，由国务院规定。

第八章 法律责任

第五十三条 侵占、挪用、截留、私分或者以其他方式侵犯农民专业合作社及其成员的合法财产，非法干预农民专业合作社及其成员的生产经营活动，向农民专业合作社及其成员摊派，强迫农民专业合作社及其成员接受有偿服务，造成农民专业合作社经济损失的，依法追究法律责任。

第五十四条 农民专业合作社向登记机关提供虚假登记材料或者采取其他欺诈手段取得登记的，由登记机关责令改正；情节严重的，撤销登记。

第五十五条 农民专业合作社在依法向有关主管部门提供的财务报告等材料中，作虚假记载或者隐瞒重要事实的，依法追究法律责任。

第九章 附 则

第五十六条 本法自2007年7月1日起施行。

2. 贷款申请条件

（1）农民专业合作社贷款应具备的条件

①经工商行政管理部门核准登记，取得农民专业合作社法人营业执照；

②有固定的生产经营服务场所，依法从事农民专业合作社章程规定的生产、经营、服务等活动，自有资金比例原则上不低于30%；

③具有健全的组织机构和财务管理制度，能够按时向农村信用社报送有关材料；

④在农村信用社开立存款账户，自愿接受信贷监督和结算监督；

⑤信用等级在 A 级以上，具有偿还贷款本息的能力，无不良贷款及欠息；

⑥持有中国人民银行颁发并经过年检的贷款卡；

⑦信用社规定的其他条件。

（2）农民专业合作社成员贷款应具备的条件

①年满 18 周岁，具有完全民事行为能力、劳动能力或经营能力的自然人；

②户口所在地或固定住所（固定经营场所）必须在信用社的服务辖区内；

③有合法稳定的收入，具备按期偿还贷款本息的能力；

④在信用社开立存款账户；

⑤信用等级 A 级（含）以上；

⑥信用社规定的其他条件。

3. 贷款额度

农民专业合作社及其成员的贷款额度分别根据信用状况、资产负债情况、综合还款能力和经营效益等情况合理确定。

农民专业合作社的贷款额度原则上不超过其净资产的 70%。

4. 贷款期限

对农民专业合作社的贷款期限原则上不超过 1 年，对农民专业合作社成员的贷款原则上不超过 2 年。

5. 贷款利率

农村信用社对农民专业合作社及其成员贷款实行优惠利率，具体优惠幅度根据中国人民银行的利率政策及有关规定结合当地情况确定。

农民专业合作社成员经营项目超出其所属农民专业合作社章程规定的经营范围的，不享受规定的优惠利率。

6. 担保方式

农民专业合作社贷款采取保证、抵押或质押的担保方式，农民专业合作社成员贷款采取"农户联保+互助金担保"、"农户联保+农民专业合作社担保"、"农户联保+互助金担保+农民专业合作社担保"或其他担保方式。

7. 申请步骤

农民专业合作社贷款申请步骤可参照农村信用社担保贷款业务，农民专业合作社成员贷款可参照农村信用社农户贷款业务，具体可向当地农村信用社信贷员咨询。

除了以上介绍的农村小额贷款形式，各地还开办有针对当地农村特点的多种贷款形式。例如，北京农村商业银行的设施农业贷款主要满足建设温室、大棚等的资金需要。

二、农业专项贷款

农家金融

云南省设立农业产业化扶持专项贷款200亿元

2010年11月30日，省委召开常委会，审议并原则通过了《中共云南省委　云南省人民政府关于推进农业产业化发展扶持农业龙头企业的意见》，明确把培育壮大农业龙头企业作为推进农业产业化的关键举措，"十二五"期间每年新增2亿元省级专项资金，重点扶持畜牧、果蔬、茶叶、薯类、生物制药、蔗糖、花卉、木本油料、橡胶、林产业、咖啡、桑蚕12类特色优势产业发展，加快我省传统农业向现代农业转变。

根据省委、省政府对全省农业产业化和农业龙头企业发展问题集体调研成果而制定的《意见》，进一步明确了"十二五"期间推进农业产业化和扶持龙头企业的政策和措施，涉及"财政、金融、税收、产业、土地、人才、科技、能源、市场、品牌"10个方面。其中，省级农业产业化专项资金在现有基础上每年新增2亿元，重点用于12类优势特色产业原料基地建设、龙头企业技改扩能和科技研发、产品市场开拓和品牌培育的扶持，建设一批专业化、规模化、标准化的农业产业化原料基地，做强做大一批农业产业化龙头企业；在省内几家金融机构设立支持农业产业化扶持龙头企业专项贷款200亿元，银行和政府给予适当的利息优惠和贴息，重点用于农副产品收储、加工、销售和支持龙头企业的技术研发、基地建设；加快创建云南政策性农业保险公司，扩大政策性农业保险覆盖面，形成更加强有力的政策支撑体系。

资料来源　云南农业信息网，2010–12–09。

1. 概况

国家为了支持特定产业、特定地区，会发放专项贷款，如新能源开发贷款、振兴东北老工业基地贷款、西部大开发贷款。这里，我们对农业专项贷款加以简要介绍。

农业专项贷款主要用于国家或地方扶持某些地区发展农业生产的特殊需要，或推广应用某些先进适用的农业技术措施，或发展某些名特优新农产品的资金需要的有专门用途的贷款。例如，为支持全国重点贫困县开发经济，发展商品生产，解决群众温饱问题而发放的扶贫专项贴息贷款；为支持农业区域性开发的土地治理与开发贷款；为支持向大中城市提供肉、禽、蛋、奶、菜等副食品基地建设，丰富居民"菜篮子"而设立的大中城市副食品基地专项贷款，以及林业专项贷款、喷灌专项贴息贷款等多项专项贷款。

以中国农业银行为例，其开办的专项贷款是指国家依据农村经济发展要求确定或认可，由农业银行组织实施的，在贷款范围、用途上有严格界定的商业性贷款。它是农业银行商业化经营过程中一种特定形式的商业性贷款，专项贷款主要包括扶持粮棉大县发展经济贷款、高产优质高效农业示范区贷款、科技开发贷款、星火计划贷款、农村水电贷款、节水灌溉贷款、乡镇供水贷款、贸工农贷款、农村小城镇建设贷款等。

🌾 **小资料**

中国农业银行关于加强专项贷款管理的通知

农银发〔1995〕311号，颁布时间：1995-11-30，发文单位：中国农业银行

各省、自治区、直辖市分行，各计划单列市分行：

为了进一步强化专项贷款管理，规范信贷行为，提高信贷资产质量，依据《中华人民共和国商业银行法》、《贷款通则》等有关法规，就专项贷款管理有关问题通知如下：

一、按照商业性贷款原则加强专项贷款管理

农村政策性金融业务与产业性金融业务分离后，农业银行专项贷款是指国家依据农村经济发展要求确定或认可，由农业银行组织实施的，在贷款范围、用途上有严格界定的商业性贷款。它是农业银行商业化经营过程中一种特定形式的商业性贷款，专项贷款主要包括扶持粮棉大县发展经济贷款、高产优质高效农业示范区贷款、科技开发贷款、星火计划贷款、农业水电贷款、节水灌溉贷款、乡镇供水贷款、贸工农贷款、农村小城镇建设贷款等。

农业银行专项贷款作为商业性贷款，其管理的基本原则是：

（一）遵循商业化经营基本原则。专项贷款作为商业性贷款，同一般商业性贷款一样，要按照商业化经营的要求，加强管理，保证专项贷款的效益性、安全性、流动性，以实现良好的社会效益和银行经营效益。

（二）依法管理贷款的原则。依照《中华人民共和国商业银行法》、《担保法》、《贷款通则》等有关金融法律、规定和信贷管理的基本规章制度，加强专项贷款管理，保证信贷行为规范化、合法化。

（三）贷款自主决策的原则。农业银行在国家产业、区域政策指导下，独立开展信贷业务，实行自主经营，贷款自主决策。农业银行在专项贷款贷与不贷、贷款金额、期限、利率、结算方式等方面依法享有决策权。任何单位和个人不得强令农行发放专项贷款。

（四）坚持从严管理的原则。农业银行专项贷款设置权属国务院，地方政府、产业主管部门和农业银行分支机构均无权设置各种形式的专项贷款。

二、按照国家产业区域政策要求严格把握专项贷款范围和用途

农业银行要结合农村经济发展的要求，认真执行国家产业、区域政策，充分发挥银行信贷第一推动力的作用，促进实施国家的产业、区域发展规划。

专项贷款与一般商业性贷款相比具有明显的特定性。专项贷款在贷款范围上有明确的界定，在贷款用途上有严格的限定，直接体现了国家产业政策、区域政策。农业银行要强化专项贷款范围和用途管理，发挥专项贷款的特殊作用，不许超越专项贷款规定范围和用途发放专项贷款和挤占挪用贷款。

专项贷款要以市场为导向，以效益为前提，优化贷款投向结构。在贷款安排上要本着量力而行的原则，优先支持流动资金需要和在建、续建项目和技术改造项目，着重解决现有企业和项目的资金需要，提高资金营运效益。要严格控制固定资产贷款，少铺新摊子，积极支持企业内涵扩大再生产。农业专项贷款不得用于与农业生产、农村建设无关的项目；不得用于非生产性支出；不得用于弥补其他资金缺口。

三、加强专项贷款效益性、安全性、流动性管理

农业银行要依据有关法规，进一步完善专项贷款管理的政策制度；严格执行《贷款通则》等有关规定，加强监管，加大管理力度；坚持效益第一，择优选贷，努力提高信贷资产质量和效益。

加强专项贷款风险管理，努力改善资产质量状况。要按照《贷款通则》规定的借款人基本条件严格审查专项贷款借款人条件。借款人申请专项贷款时，原应付贷款利息和到期贷款要做到已按期还清，并在农行开立基本账户，与农行建立贷款主办行关系。专项贷款一律实行担保贷款方式。农业银行要按照《担保法》要求，对保证人的资格，偿还能力，抵押物、质物的权属和价值以及实现抵押权、

质物的可行性进行严格审查。国家机关、企业法人的分支机构（法人书面授权除外）、职能部门以及以公益为目的的事业单位、社会团体不得为保证人。土地所有权、耕地的使用权等财产不得抵押。对保证人不具备法律要求的担保能力的，不予贷款。办理担保后，借款人到期不偿还担保贷款的，银行依法享有要求保证人偿还贷款本金和利息或者该担保物优先受偿权利。要积极推行风险度管理。要把专项贷款纳入风险度管理，为贷款科学决策提供必要依据。要建立专项贷款风险损失补偿制度。要积极与有关产业主管部门配合，建立区域性企业风险基金，分散贷款风险。要督促企业参加财产保险，减少贷款损失。

加强贷款收息管理，努力提高专项贷款效益。各级行要执行中国人民银行规定的期限利率政策，并落实利率浮动规定，保证专项贷款的合理收益。农业银行向专项贷款借款人计收全额利息，并随利率调整进行调整。农业银行实行按季结息。要执行逾期贷款、挤占挪用贷款计息收息制度。对违反信贷政策制度造成信贷资产损失的，要严格实行信贷制裁。除国务院外，任何单位和个人无权决定停息、减息和免息。

要根据借款人生产建设项目、周期和综合还贷能力合理确定专项贷款期限，专项贷款侧重安排短期贷款，不断优化专项贷款期限结构。

四、进一步规范专项贷款审查与申报程序

各级行要依据国家对该专项贷款的具体要求，按贷款条件对贷款项目进行认真审查，严格专项贷款运作程序管理，严禁递程序、跨级运作。

（一）专项贷款坚持借款自愿申请的原则。由借款人向当地行提出借款申请，填写《借款申请书》。借款人除要向开户行提供《贷款通则》所要求的资料外，申请专项贷款还要提供有关产业或行业主管部门同意立项、纳入贷款备选项目库的批文，在农业银行开立日常转账结算和现金收付基本账户的证明材料。

（二）专项贷款实行项目管理。县支行是专项贷款申报和审查的起点，是保证专项贷款质量的关键和基础。基层行要本着严谨、负责的态度，建立审贷分离制度，按照贷款条件，认真、严格审查贷款项目，把好专项贷款管理的第一关。开户行要对借款人提供的资料完整性、真实性、合法性、贷款可行性进行全面的调查审查，提出意见报地（市）支行。地（市）支行依据有关信贷政策制度，对贷款项目进行评估、论证，筛选后上报。

（三）地（市）行、省（区、市）分行要加强专项贷款申请计划和重点项目上报的管理。要结合当地资金能力、资金期限结构等情况，本着"统筹安排、量力而行、真实准确"的原则，对贷款的区域性、贷款期限结构、贷款规模、资金情况等方面进行通盘考虑，并就重点项目与产业或行业主管部门衔接后，自下而上逐级上报贷款计划。

（四）各分行要在年度前向总行上报专项贷款申请计划和项目计划。总行根据上年专项贷款工作考核情况和计划申报情况，并与有关部门衔接后，于下年初下达专项贷款计划。

（五）专项贷款实行分级审批。要规定各级行专项贷款项目审批权限，实行分级审批制度，严格贷款审批手续，坚持"谁经营、谁负责"。

五、加强专项贷款的监测和考核

（一）要加强贷后管理，坚决改变重放轻管、重放轻收的状况。要对贷款发放后借款人执行合同情况、资信情况等进行跟踪调查和检查，通过监测风险早期报警信号，建立贷款使用过程中风险监测防范制度，及时发现、采取措施处理风险呈上升趋势的贷款。当前特别注意企业转制过程中，银行贷款债务落实工作。坚决制止和纠正变相逃债、废债行为。

（二）要完善专项贷款考核制度。上级行在年末要对下级行专项贷款管理工作进行定期考核，并与计划安排、贷款审批权限挂钩。专项贷款计划要在统筹安排的基础上，逐步向资产质量好、效益高的地区倾斜。总行对分行的考核指标有：

1. 专项贷款计划完成率;

2. 催收贷款比例;

3. 呆账贷款比例;

4. 贷款利息收回率。

(三) 要建立专项贷款工作报告和信息反馈制度,以便及时发现、反映、解决专项贷款管理中存在的问题。要按规定时间及时报送有关资料和统计报表。每年末有关分行要向总行专题上报专项贷款管理工作报告。总行于年初将考核情况通报全行。对不填制有关报表、不按时上报总结的要相应地少安排贷款计划。各级行要加强典型经验的总结和推广,要加强对重点问题的调查研究。加强纵向、横向信息交流,取长补短,不断改进工作。

六、进一步协调好银行与主管部门的关系

专项贷款是涉及多部门、多环节的系统工作,要本着"明确职责、各司其职、各负其责"的原则组织实施。产业或行业主管部门的主要职责是根据国家产业、区域政策制定发展规划,依据专项贷款规定的范围和用途审查项目,通过立项形式为银行审批贷款提供建议项目,建立贷款备选项目库。

农业银行要积极参与制定产业、区域发展规划,帮助产业、行业主管部门按贷款管理要求建立备选贷款项目库,提高项目成功率。要依据信贷政策和制度,负责对贷款项目进行审批。要积极筹措资金,加强管理,增加信贷投入,努力实施专项贷款计划。同时加强与主管部门的工作联系,互相沟通情况,积极宣传银行信贷管理政策,主动争得政府的支持,促进专项贷款良性运行。

2. 特点

农业专项贷款的特点是政策性较强,贷款期限较长,贷款用途特殊,贷款利率优惠等,因此在管理上要比一般中长期贷款难度大,风险也大。几年来,农业专项贷款在促进农村经济发展,调整产业结构和产品结构,改善投资环境,吸引外资,促进科技开发,帮助贫困地区人民脱贫致富等方面，发挥了重要的作用，取得了较好的社会效益和经济效益。

专项贷款一般具有政府扶持、用途明确、地域性强、专款专用等特点，而且往往有财政贴息。表12—1为农业专项贷款贴息申请表一般格式。

表12—1　　　　　　　**农业专项贷款贴息申请表**

单位或姓名			
经营地址		联系电话	
经营内容及规模			
贷款金额		借款银行	
自筹投入资金 （万元）			
贷款用途与 贴息理由		（签章） 年　月　日	
镇、街区、部门意见		（签章） 年　月　日	
市农业发展管委会意见		（签章） 年　月　日	

注：本表一式两份，报财政局一份。

🌾 贷款实例

　　辽宁省阜新大巴镇地处阜新蒙古族自治县东部，关山脚下，属丘陵地带，适宜花生生长。近10年来随着花生种植面积的不断扩大，全镇涌现出了一大批种植、收购、加工花生的个体户，以主力村为龙头的花生种植、收购、加工销售为一体的产业集群已基本形成，经济效益逐年提高。但个体户受到自有资金实力的限制，虽然目前产销两旺，却很难快速扩大经营规模，从而提高经营效益。为推动当地花生产业的快速发展，大巴信用社在不断总结经验的基础上，进一步明确"区别对待、择优扶持"的原则，通过充分调查申请人基本情况，在保证花生专项贷款"安全性、流动性、效益性"的前提下，根据花生收购的时间性、季节性较强的特点，于2008年10月7日起大力投放花生专项贷款。

　　截止到2008年10月29日，已发放花生贷款720万元，为广大花生收购加工户及时提供了周转资金。在此基础上大巴信用社计划继续投放400万元专项贷款，为全镇近200户花生收购加工户提供坚实的资金支持，帮助他们尽早抢占花生收购市场，此举不仅受到了广大花生收购户的赞扬，而且取得了良好的社会效益和经济效益，促进了当地经济的迅速发展。

　　资料来源　辽宁金农网，2008-12-07。

附　录

附录1　贷款通则

（1996 年 6 月 28 日发布，中国人民银行令 ［1996］ 第 2 号）

第一章　总则

第一条　为了规范贷款行为，维护借贷双方的合法权益，保证信贷资产的安全，提高贷款使用的整体效益，促进社会经济的持续发展。根据《中华人民共和国中国人民银行法》、《中华人民共和国商业银行法》等有关法律规定，制定本通则。

第二条　本通则所称贷款人，系指在中国境内依法设立的经营贷款业务的中资金融机构。

本通则所称借款人，系指从经营贷款业务的中资金融机构取得贷款的法人、其他经济组织、个体工商户和自然人。

本通则中所称贷款系指贷款人对借款人提供的并按约定的利率和期限还本付息的货币资金。

本通则中的贷款币种包括人民币和外币。

第三条　贷款的发放和使用应当符合国家的法律、行政法规和中国人民银行发布的行政规章，应当遵循效益性、安全性和流动性的原则。

第四条　借款人与贷款人的借贷活动应当遵循平等、自愿、公平和诚实信用的原则。

第五条　贷款人开展贷款业务，应当遵循公平竞争、密切协作的原则，不得从事不正当竞争。

第六条　中国人民银行及其分支机构是实施《贷款通则》的监管机关。

第二章　贷款种类

第七条　自营贷款、委托贷款和特定贷款：自营贷款，系指贷款人以合法方式筹集的资金自主发放的贷款，其风险由贷款人承担，并由贷款人收回本金和利息。

委托贷款，系指由政府部门、企事业单位及个人等委托人提供资金，由贷款人（即受托人）根据委托人确定的贷款对象、用途、金额、期限、利率等代为发放、监督使用并协助收回的贷款。贷款人（受托人）只收取手续费，不承担贷款风险。

特定贷款，系指经国务院批准并对贷款可能造成的损失采取相应补救措施后责成国有独资商业银行发放的贷款。

第八条　短期贷款、中期贷款和长期贷款：

短期贷款，系指贷款期限在 1 年以内（含 1 年）的贷款。

中期贷款，系指贷款期限在 1 年以上（不含 1 年）5 年以下（含5 年）的贷款。

长期贷款，系指贷款期限在 5 年（不含 5 年）以上的贷款。

第九条　信用贷款、担保贷款和票据贴现：

信用贷款，系指以借款人的信誉发放的贷款。

担保贷款，系指保证贷款、抵押贷款、质押贷款。

保证贷款，系指按《中华人民共和国担保法》规定的保证方式以第三人承诺在借款人不能偿还贷款时，按约定承担一般保证责任或者连带责任而发放的贷款。

抵押贷款，系指按《中华人民共和国担保法》规定的抵押方式以借款人或第三人的财产作为抵押物发放的贷款。

质押贷款，系指按《中华人民共和国担保法》规定的质押方式以借款人或第三人的动产或权利作为质物发放的贷款。

票据贴现，系指贷款人以购买借款人未到期商业票据的方式发放的贷款。

第十条　除委托贷款以外，贷款人发放贷款，借款人应当提供担保。贷款人应当对保证人的偿还能力，抵押物、质物的权属和价值以及实现抵押权、质权的可行性进行严格审查。

经贷款审查、评估，确认借款人资信良好，确能偿还贷款的，可以不提供担保。

第三章　贷款期限和利率

第十一条　贷款期限：贷款期限根据借款人的生产经营周期、还款能力和贷款人的资金供给能力由借贷双方共同商议后确定，并在借款合同中载明。自营贷款期限最长一般不得超过 10 年，超过 10 年应当报中国人民银行备案。票据贴现的贴现期限最长不得超过 6 个月，贴现期限为从贴现之日起到票据到期日止。

第十二条　贷款展期：不能按期归还贷款的，借款人应当在贷款到期日之前，向贷款人申请贷款展期。是否展期由贷款人决定。申请保证贷款、抵押贷款、质押贷款展期的，还应当由保证人、抵押人、出质人出具同意的书面证明。已有约定的，按照约定执行。

短期贷款展期期限累计不得超过原贷款期限；中期贷款展期期限累计不得超过原贷款期限的一半；长期贷款展期期限累计不得超过 3 年。国家另有规定者除外。借款人未申请展期或申请展期未得到批准，其贷款从到期日次日起，转入逾期贷款账户。

第十三条　贷款利率的确定：

贷款人应当按照中国人民银行规定的贷款利率的上下限，确定每笔贷款利率，并在借款合同中载明。

第十四条　贷款利息的计收：

贷款人和借款人应当按借款合同和中国人民银行有关计息规定按

期计收或交付利息。

贷款的展期期限加上原期限达到新的利率期限档次时，从展期之日起，贷款利息按新的期限档次利率计收。

逾期贷款按规定计收罚息。

第十五条　贷款的贴息：

根据国家政策，为了促进某些产业和地区经济的发展，有关部门可以对贷款补贴利息。

对有关部门贴息的贷款，承办银行应当自主审查发放，并根据本通则有关规定严格管理。

第十六条　贷款停息、减息、缓息和免息：

除国务院决定外，任何单位和个人无权决定停息、减息、缓息和免息。贷款人应当依据国务院决定，按照职责权限范围具体办理停息、减息、缓息和免息。

第四章　借款人

第十七条　借款人应当是经工商行政管理机关（或主管机关）核准登记的企（事）业法人、其他经济组织、个体工商户或具有中华人民共和国国籍的具有完全民事行为能力的自然人。借款人申请贷款，应当具备产品有市场、生产经营有效益、不挤占挪用信贷资金、恪守信用等基本条件，并且应当符合以下要求：

一、有按期还本付息的能力，原应付贷款利息和到期贷款已清偿；没有清偿的，已经做了贷款人认可的偿还计划。

二、除自然人和不需要经工商部门核准登记的事业法人外，应当经过工商部门办理年检手续。

三、已开立基本账户或一般存款账户。

四、除国务院规定外，有限责任公司和股份有限公司对外股本权益性投资累计额未超过其净资产总额的50%。

五、借款人的资产负债率符合贷款人的要求。

六、申请中期、长期贷款的，新建项目的企业法人所有者权益与项目所需总投资的比例不低于国家规定的投资项目的资本金比例。

第十八条　借款人的权利：

一、可以自主向主办银行或者其他银行的经办机构申请贷款并依条件取得贷款；

二、有权按合同约定提取和使用全部贷款；

三、有权拒绝借款合同以外的附加条件；

四、有权向贷款人的上级和中国人民银行反映、举报有关情况；

五、在征得贷款人同意后，有权向第三人转让债务。

第十九条　借款人的义务：

一、应当如实提供贷款人要求的资料（法律规定不能提供者除外），应当向贷款人如实提供所有开户行、账号及存贷款余额情况，配合贷款人的调查、审查和检查；

二、应当接受贷款人对其使用信贷资金情况和有关生产经营、财务活动的监督；

三、应当按借款合同约定用途使用贷款；

四、应当按借款合同约定及时清偿贷款本息；

五、将债务全部或部分转让给第三人的，应当取得贷款人的同意；

六、有危及贷款人债权安全情况时，应当及时通知贷款人，同时采取保全措施。

第二十条　对借款人的限制：

一、不得在一个贷款人同一辖区内的两个或两个以上同级分支机构取得贷款。

二、不得向贷款人提供虚假的或者隐瞒重要事实的资产负债表、损益表等。

三、不得用贷款从事股本权益性投资，国家另有规定的除外。

四、不得用贷款在有价证券、期货等方面从事投机经营。

五、除依法取得经营房地产资格的借款人以外，不得用贷款经营房地产业务；依法取得经营房地产资格的借款人，不得用贷款从事房地产投机。

六、不得套取贷款用于借贷牟取非法收入。

七、不得违反国家外汇管理规定使用外币贷款。

八、不得采取欺诈手段骗取贷款。

第五章　贷款人

第二十一条　贷款人必须经中国人民银行批准经营贷款业务，持有中国人民银行颁发的《金融机构法人许可证》或《金融机构营业许可证》，并经工商行政管理部门核准登记。

第二十二条　贷款人的权利：

根据贷款条件和贷款程序自主审查和决定贷款，除国务院批准的特定贷款外，有权拒绝任何单位和个人强令其发放贷款或者提供担保。

一、要求借款人提供与借款有关的资料；

二、根据借款人的条件，决定贷与不贷、贷款金额、期限和利率等；

三、了解借款人的生产经营活动和财务活动；

四、依合同约定从借款人账户上划收贷款本金和利息；

五、借款人未能履行借款合同规定义务的，贷款人有权依合同约定要求借款人提前归还贷款或停止支付借款人尚未使用的贷款；

六、在贷款将受或已受损失时，可依据合同规定，采取使贷款免受损失的措施。

第二十三条　贷款人的义务：

一、应当公布所经营的贷款的种类、期限和利率，并向借款人提供咨询。

二、应当公开贷款审查的资信内容和发放贷款的条件。

三、贷款人应当审议借款人的借款申请，并及时答复贷与不贷。短期贷款答复时间不得超过 1 个月，中期、长期贷款答复时间不得超过 6 个月；国家另有规定者除外。

四、应当对借款人的债务、财务、生产、经营情况保密，但对依法查询者除外。

第二十四条　对贷款人的限制：

一、贷款的发放必须严格执行《中华人民共和国商业银行法》第三十九条关于资产负债比例管理的有关规定，第四十条关于不得向关系人发放信用贷款、向关系人发放担保贷款的条件不得优于其他借款人同类贷款条件的规定。

二、借款人有下列情形之一者，不得对其发放贷款：

（一）不具备本通则第四章第十七条所规定的资格和条件的；

（二）生产、经营或投资国家明文禁止的产品、项目的；

（三）违反国家外汇管理规定的；

（四）建设项目按国家规定应当报有关部门批准而未取得批准文件的；

（五）生产经营或投资项目未取得环境保护部门许可的；

（六）在实行承包、租赁、联营、合并（兼并）、合作、分立、产权有偿转让、股份制改造等体制变更过程中，未清偿原有贷款债务、落实原有贷款债务或提供相应担保的；

（七）有其他严重违法经营行为的。

三、未经中国人民银行批准，不得对自然人发放外币币种的贷款。

四、自营贷款和特定贷款，除按中国人民银行规定计收利息之外，不得收取其他任何费用；委托贷款，除按中国人民银行规定计收手续费之外，不得收取其他任何费用。

五、不得给委托人垫付资金，国家另有规定的除外。

六、严格控制信用贷款，积极推广担保贷款。

第六章　贷款程序

第二十五条　贷款申请：借款人需要贷款，应当向主办银行或者其他银行的经办机构直接申请。借款人应当填写包括借款金额、借款用途、偿还能力及还款方式等主要内容的《借款申请书》并提供以下资料：

一、借款人及保证人基本情况；

二、财政部门或会计（审计）事务所核准的上年度财务报告，以及申请借款前一期的财务报告；

三、原有不合理占用的贷款的纠正情况；

四、抵押物、质物清单和有处分权人的同意抵押、质押的证明及保证人拟同意保证的有关证明文件；

五、项目建议书和可行性报告；

六、贷款人认为需要提供的其他有关资料。

第二十六条 对借款人的信用等级评估：

应当根据借款人的领导者素质、经济实力、资金结构、履约情况、经营效益和发展前景等因素，评定借款人的信用等级。评级可由贷款人独立进行，内部掌握，也可由有权部门批准的评估机构进行。

第二十七条 贷款调查：

贷款人受理借款人申请后，应当对借款人的信用等级以及借款的合法性、安全性、盈利性等情况进行调查，核实抵押物、质物、保证人情况，测定贷款的风险度。

第二十八条 贷款审批：

贷款人应当建立审贷分离、分级审批的贷款管理制度。审查人员应当对调查人员提供的资料进行核实、评定、复测贷款风险度，提出意见，按规定权限报批。

第二十九条 签订借款合同：

所有贷款应当由贷款人与借款人签订借款合同。借款合同应当约定借款种类，借款用途、金额、利率，借款期限，还款方式，借、贷双方的权利、义务，违约责任和双方认为需要约定的其他事项。

保证贷款应当由保证人与贷款人签订保证合同，或保证人在借款合同上载明与贷款人协商一致的保证条款，加盖保证人的法人公章，并由保证人的法定代表人或其授权代理人签署姓名。抵押贷款、质押贷款应当由抵押人、出质人与贷款人签订抵押合同、质押合同，需要办理登记的，应依法办理登记。

第三十条　贷款发放：

贷款人要按借款合同规定按期发放贷款。贷款人不按合同约定按期发放贷款的，应偿付违约金。借款人不按合同约定用款的，应偿付违约金。

第三十一条　贷后检查：

贷款发放后，贷款人应当对借款人执行借款合同情况及借款人的经营情况进行追踪调查和检查。

第三十二条　贷款归还：

借款人应当按照借款合同规定按时足额归还贷款本息。

贷款人在短期贷款到期三个星期之前、中长期贷款到期1个月之前，应当向借款人发送还本付息通知单；借款人应当及时筹备资金，按期还本付息。

贷款人对逾期的贷款要及时发出催收通知单，做好这期贷款本息的催收工作。

贷款人对不能按借款合同约定期限归还的贷款，应当按规定加罚利息；对不能归还或者不能落实还本付息事宜的，应当督促归还或者依法起诉。

借款人提前归还贷款，应当与贷款人协商。

第七章　不良贷款监管

第三十三条　贷款人应当建立和完善贷款的质量监管制度，对不良贷款进行分类、登记、考核和催收。

第三十四条　不良贷款系指呆账贷款、呆滞贷款、逾期贷款。

呆账贷款，系指按财政部有关规定列为呆账的贷款。

呆滞贷款，系指按财政部有关规定，逾期（含展期后到期）超过规定年限以上仍未归还的贷款，或虽未逾期或逾期不满规定年限但生产经营已终止、项目已停建的贷款（不含呆账贷款）。

逾期贷款，系指借款合同约定到期（含展期后到期）未归还的贷款（不含呆滞贷款和呆账贷款）。

第三十五条 不良贷款的登记：

不良贷款由会计、信贷部门提供数据，由稽核部门负责审核并按规定权限认定，贷款人应当按季填报不良贷款情况表。在报上级行的同时，应当报中国人民银行当地分支机构。

第三十六条 不良贷款的考核：

贷款人的呆账贷款、呆滞贷款、逾期贷款不得超过中国人民银行规定的比例。贷款人应当对所属分支机构下达和考核呆账贷款、呆滞贷款和逾期贷款的有关指标。

第三十七条 不良贷款的催收和呆账贷款的冲销：

信贷部门负责不良贷款的催收，稽核部门负责对催收情况的检查。贷款人应当按照国家有关规定提取呆账准备金，并按照呆账冲销的条件和程序冲销呆账贷款。

未经国务院批准，贷款人不得豁免贷款。除国务院批准外，任何单位和个人不得强令贷款人豁免贷款。

第八章 贷款管理责任制

第三十八条 贷款管理实行行长（经理、主任，下同）负责制。

贷款实行分级经营管理，各级行长应当在授权范围内对贷款的发放和收回负全部责任。行长可以授权副行长或贷款管理部门负责审批贷款，副行长或贷款管理部门负责人应当对行长负责。

第三十九条 贷款人各级机构应当建立有行长或副行长（经理、主任，下同）和有关部门负责人参加的贷款审查委员会（小组），负责贷款的审查。

第四十条 建立审贷分离制：

贷款调查评估人员负责贷款调查评估，承担调查失误和评估失准的责任；贷款审查人员负责贷款风险的审查，承担审查失误的责任；贷款发放人员负责贷款的检查和清收，承担检查失误、清收不力的责任。

第四十一条　建立贷款分级审批制：

贷款人应当根据业务量大小、管理水平和贷款风险度确定各级分支机构的审批权限，超过审批权限的贷款，应当报上级审批。各级分支机构应当根据贷款种类、借款人的信用等级和抵押物、质物、保证人等情况确定每一笔贷款的风险度。

第四十二条　建立和健全信贷工作岗位责任制：

各级贷款管理部门应将贷款管理的每一个环节的管理责任落实到部门、岗位、个人，严格划分各级信贷工作人员的职责。

第四十三条　贷款人对大额借款人建立驻厂信贷员制度。

第四十四条　建立离职审计制：

贷款管理人员在调离原工作岗位时，应当对其在任职期间和权限内所发放的贷款风险情况进行审计。

第九章　贷款债权保全和清偿的管理

第四十五条　借款人不得违反法律规定，借兼并、破产或者股份制改造等途径，逃避银行债务，侵吞信贷资金；不得借承包、租赁等途径逃避贷款人的信贷监管以及偿还贷款本息的责任。

第四十六条　贷款人有权参与处于兼并、破产或股份制改造等过程中的借款人的债务重组，应当要求借款人落实贷款还本付息事宜。

第四十七条　贷款人应当要求实行承包、租赁经营的借款人，在承包、租赁合同中明确落实原贷款债务的偿还责任。

第四十八条　贷款人对实行股份制改造的借款人，应当要求其重新签订借款合同，明确原贷款债务的清偿责任。

对实行整体股份制改造的借款人，应当明确其所欠贷款债务由改造后公司全部承担；对实行部分股份制改造的借款人，应当要求改造后的股份公司按占用借款人的资本金或资产的比例承担原借款人的贷款债务。

第四十九条　贷款人对联营后组成新的企业法人的借款人，应当要求其依据所占用的资本金或资产的比例将贷款债务落实到新的企业法人。

第五十条　贷款人对合并（兼并）的借款人，应当要求其在合并（兼并）前清偿贷款债务或提供相应的担保。

借款人不清偿贷款债务或未提供相应担保，贷款人应当要求合并（兼并）企业或合并后新成立的企业承担归还原借款人贷款的义务，并与之重新签订有关合同或协议。

第五十一条　贷款人对与外商合资（合作）的借款人，应当要求其继续承担合资（合作）前的贷款归还责任，并要求其将所得收益优先归还贷款。借款人用已作为贷款抵押、质押的财产与外商合资（合作）时必须征求贷款人同意。

第五十二条　贷款人对分立的借款人，应当要求其在分立前清偿贷款债务或提供相应的担保。

借款人不清偿贷款债务或未提供相应担保，贷款人应当要求分立后的各企业，按照分立时所占资本或资产比例或协议，对原借款人所欠贷款承担清偿责任。对设立子公司的借款人，应当要求其子公司按所得资本或资产的比例承担和偿还母公司相应的贷款债务。

第五十三条　贷款人对产权有偿转让或申请解散的借款人，应当要求其在产权转让或解散前必须落实贷款债务的清偿。

第五十四条　贷款人应当按照有关法律参与借款人破产财产的认定与债权债务的处置，对于破产借款人已设定财产抵押、质押或其他担保的贷款债权，贷款人依法享有优先受偿权；无财产担保的贷款债权按法定程序和比例受偿。

第十章　贷款管理特别规定

第五十五条　建立贷款主办行制度：借款人应按中国人民银行的规定与其开立基本账户的贷款人建立贷款主办行关系。借款人发生企业分立、股份制改造、重大项目建设等涉及信贷资金使用和安全的重大经济活动，事先应当征求主办行的意见。一个借款人只能有一个贷款主办行，主办行应当随基本账户的变更而变更。

主办行不包资金，但应当按规定有计划地对借款人提供贷款，为借款人提供必要的信息咨询、代理等金融服务。

贷款主办行制度与实施办法，由中国人民银行另行规定。

第五十六条　银团贷款应当确定一个贷款人为牵头行，并签订银团贷款协议，明确各贷款人的权利和义务，共同评审贷款项目。牵头行应当按协议确定的比例监督贷款的偿还。银团贷款管理办法由中国人民银行另行规定。

第五十七条　特定贷款管理：

国有独资商业银行应当按国务院规定发放和管理特定贷款。

特定贷款管理办法另行规定。

第五十八条　非银行金融机构贷款的种类、对象、范围，应当符合中国人民银行规定。

第五十九条　贷款人发放异地贷款，或者接受异地存款，应当报中国人民银行当地分支机构备案。

第六十条　信贷资金不得用于财政支出。

第六十一条　各级行政部门和企事业单位、供销合作社等合作经济组织、农村合作基金会和其他基金会，不得经营存贷款等金融业务。企业之间不得违反国家规定办理借贷或者变相借贷融资业务。

第十一章　罚则

第六十二条　贷款人违反资产负债比例管理有关规定发放贷款的，应当依照《中华人民共和国商业银行法》第七十五条，由中国人民银行责令改正，处以罚款，有违法所得的没收违法所得，并且应当依照第七十六条对直接负责的主管人员和其他直接责任人员给予处罚。

第六十三条　贷款人违反规定向关系人发放信用贷款或者发放担保贷款的条件优于其他借款人同类贷款条件的，应当依照《中华人民共和国商业银行法》第七十四条处罚，并且应当依照第七十六条对有关直接责任人员给予处罚。

第六十四条　贷款人的工作人员对单位或者个人强令其发放贷款或者提供担保未予拒绝的，应当依照《中华人民共和国商业银行法》第八十五条给予纪律处分，造成损失的应当承担相应的赔偿责任。

第六十五条　贷款人的有关责任人员违反本通则有关规定，应当给予纪律处分和罚款；情节严重或屡次违反的，应当调离工作岗位，取消任职资格；造成严重经济损失或者构成其他经济犯罪的，应当依照有关法律规定追究刑事责任。

第六十六条　贷款人有下列情形之一，由中国人民银行责令改正；逾期不改正的，中国人民银行可以处以 5 千元以上 1 万元以下罚款：

一、没有公布所经营贷款的种类、期限、利率的；

二、没有公开贷款条件和发放贷款时要审查的内容的；

三、没有在规定期限内答复借款人贷款申请的。

第六十七条　贷款人有下列情形之一，由中国人民银行责令改正；有违法所得的，没收违法所得，并处以违法所得 1 倍以上 3 倍以下罚款；没有违法所得的，处以 5 万元以上 30 万元以下罚款；构成犯罪的，依法追究刑事责任：

一、贷款人违反规定代垫委托贷款资金的；

二、未经中国人民银行批准，对自然人发放外币贷款的；

三、贷款人违反中国人民银行规定，对自营贷款或者特定贷款在计收利息之外收取其他任何费用的，或者对委托贷款在计收手续费之外收取其他任何费用的。

第六十八条　任何单位和个人强令银行发放贷款或者提供担保的，应当依照《中华人民共和国商业银行法》第八十五条，对直接负责的主管人员和其他直接责任人员或者个人给予纪律处分；造成经济损失的，承担全部或者部分赔偿责任。

第六十九条　借款人采取欺诈手段骗取贷款，构成犯罪的，应当依照《中华人民共和国商业银行法》第八十条等法律规定处以罚款并追究刑事责任。

第七十条　借款人违反本通则第九章第四十五条规定，蓄意通过兼并、破产或者股份制改造等途径侵吞信贷资金的，应当依据有关法律规定承担相应部分的赔偿责任并处以罚款；造成贷款人重大经济损失的，应当依照有关法律规定追究直接责任人员的刑事责任。

借款人违反本通则第九章其他条款规定，致使贷款债务落空，由贷款人停止发放新贷款，并提前收回原发放的贷款。造成信贷资产损失的，借款人及其主管人员或其他个人，应当承担部分或全部赔偿责任。在未履行赔偿责任之前，其他任何贷款人不得对其发放贷款。

第七十一条　借款人有下列情形之一，由贷款人对其部分或全部贷款加收利息；情节特别严重的，由贷款人停止支付借款人尚未使用的贷款，并提前收回部分或全部贷款：

一、不按借款合同规定用途使用贷款的。

二、用贷款进行股本权益性投资的。

三、用贷款在有价证券、期货等方面从事投机经营的。

四、未依法取得经营房地产资格的借款人用贷款经营房地产业务的；依法取得经营房地产资格的借款人，用贷款从事房地产投机的。

五、不按借款合同规定清偿贷款本息的。

六、套取贷款相互借贷牟取非法收入的。

第七十二条　借款人有下列情形之一，由贷款人责令改正。情节特别严重或逾期不改正的，由贷款人停止支付借款人尚未使用的贷款，并提前收回部分或全部贷款：

一、向贷款人提供虚假或者隐瞒重要事实的资产负债表、损益表等资料的；

二、不如实向贷款人提供所有开户行、账号及存贷款余额等资料的；

三、拒绝接受贷款人对其使用信贷资金情况和有关生产经营、财务活动监督的。

第七十三条　行政部门、企事业单位、股份合作经济组织、供销合作社、农村合作基金会和其他基金会擅自发放贷款的；企业之间擅自办理借贷或者变相借贷的，由中国人民银行对出借方按违规收入处以 1 倍以上至 5 倍以下罚款，并由中国人民银行予以取缔。

第七十四条　当事人对中国人民银行处罚决定不服的，可按《中国人民银行行政复议办法（试行）》的规定申请复议，复议期间仍按原处罚执行。

第十二章　附则

第七十五条　国家政策性银行、外资金融机构（含外资、中外合资、外资金融机构的分支机构等）的贷款管理办法，由中国人民银行另行制定。

第七十六条　有关外国政府贷款、出口信贷、外商贴息贷款、出口信贷项下的对外担保以及与上述贷款配套的国际商业贷款的管理办法，由中国人民银行另行制定。

第七十七条　贷款人可根据本通则制定实施细则，报中国人民银行备案。

第七十八条　本通则自实施之日起，中国人民银行和各贷款人在此以前制定的各种规定，与本通则有抵触者，以本通则为准。

第七十九条　本通则由中国人民银行负责解释。

第八十条　本通则自一九九六年八月一日起施行。

附录2　关于银行业金融机构大力发展农村小额贷款业务的指导意见

（银监发〔2007〕67号）

各银监局，各政策性银行、国有商业银行、股份制商业银行，邮政储蓄银行，各省级农村信用联社，北京、上海农村商业银行，天津农村合作银行：

为认真贯彻中央农村工作会议和全国金融工作会议精神，更好地发挥农村小额贷款在支持社会主义新农村建设中的作用，结合当前农村经济金融形势，现就银行业金融机构大力发展农村小额贷款业务提出以下意见。

一、充分认识发展农村小额贷款业务的重要意义

农村小额贷款是向农户、农村工商户以及农村小企业提供的额度较小的贷款。近年来，各银行业金融机构按照监管部门的指导和要求，围绕发展农村小额贷款业务、改进"三农"金融服务做了大量工作，农户小额信用贷款和农户联保贷款的广度不断拓展，小额存单质押贷款试点工作稳步推进，农村小企业融资取得了新的进展，在缓解"三农"贷款难，支持农业增产、农民增收和农村经济发展等方面发挥了积极作用。但是，应该看到，目前农村小额贷款开展过程中仍然存在一些问题和不足，制约了其持续健康发展。一是思想认识不到位，部分机构作风不够扎实，工作不深入，坐门等客思想仍比较严重。二是业务发展不平衡，部分机构信贷管理能力较低，信贷电子化建设滞后，贷款手续繁琐，贷款操作不够规范，办理效率低，业务发展缓慢。三是部分机构对政策的领会不到位、执行比较僵化，一些机构还不同程度地存在授信额度"一刀切"、贷款利率"一浮到顶"等现象。四是农村信用建设滞后，征信体系尚未建立，担保机制不健

全，农村金融消费者金融意识薄弱，部分农村地区信用环境较差。五是原有农村小额贷款制度滞后，利率定价机制不灵活，风险管理缺乏持续性，贷款用途、额度、期限等与农村需求不适应。

随着社会主义新农村建设的大力推进，农村经济社会发生了深刻变化，农村小额融资需求已逐步由简单的生产生活需求向扩大再生产、高层次消费需求转变，由零散、小额的需求向集中、大额的需求转变，由传统耕作的季节性需求向现代农业的长期性需求转变，呈现出多元化、多层次特征，原有的农村小额贷款已经无法满足日益增长的融资需求。主动适应农村小额融资需求变化，大力发展农村小额贷款，是有效解决农民贷款难，支持广大农民致富奔小康，促进农村市场繁荣和城乡协调发展的迫切需要；是银行业金融机构履行社会责任，培育新的利润增长点，提高竞争力和可持续发展能力的有效选择；是加强农村诚信建设，优化农村信用环境，抑制非法金融活动，建立良好金融秩序的重要依托。

发展农村小额贷款业务要坚持以下原则：一是坚持为农民、农业和农村服务与可持续发展相结合；二是坚持发挥正规金融主渠道作用与有效发挥各类小额信贷组织的补充作用相结合；三是坚持市场竞争与业务合作相结合；四是坚持发展业务和防范风险相结合；五是坚持政策扶持与增强自身支农能力相结合。

各级监管部门和银行业金融机构要进一步统一思想，全面落实科学发展观，提高对发展农村小额贷款重要性和迫切性的认识，增强做好农村小额贷款工作的责任感和紧迫感。各银行业金融机构要进一步转换经营理念，改进工作作风，结合当地农村经济金融发展实际，切实加强农村小额贷款的营销和管理，为"三农"发展提供有力的信贷资金支持。

二、调整完善农村小额贷款的相关政策

发展农村小额贷款，关键靠创新。各银行业金融机构要在认真总结农村小额贷款工作，借鉴成功运作经验的基础上，坚持因地制宜、

因时而变，大力推进农村小额贷款创新，以适应社会主义新农村建设对金融服务提出的新要求。

（一）放宽小额贷款对象。进一步拓宽小额贷款投放的广度，在支持家庭传统耕作农户和养殖户的基础上，将服务对象扩大到农村多种经营户、个体工商户以及农村各类微小企业，具体包括种养大户、订单农业户、进城务工经商户、小型加工户、运输户、农产品流通户和其他与"三农"有关的城乡个体经营户。

（二）拓展小额贷款用途。根据当地农村经济发展情况，拓宽农村小额贷款用途，既要支持传统农业，也要支持现代农业；既要支持单一农业，也要支持有利于提高农民收入的各产业；既要满足农业生产费用融资需求，也要满足农产品生产、加工、运输、流通等各个环节融资需求；既要满足农民简单日常消费需求，也要满足农民购置高档耐用消费品、建房或购房、治病、子女上学等各种合理消费需求；既要满足农民在本土的生产贷款需求，也要满足农民外出务工、自主创业、职业技术培训等创业贷款需求。

（三）提高小额贷款额度。根据当地农村经济发展水平以及借款人生产经营状况、偿债能力、收入水平和信用状况，因地制宜地确定农村小额贷款额度。原则上，对农村小额信用贷款额度，发达地区可提高到 10 万~30 万元，欠发达地区可提高到 1 万~5 万元，其他地区在此范围内视情况而定；联保贷款额度视借款人实际风险状况，可在信用贷款额度基础上适度提高。对个别生产规模大、经营效益佳、信用记录好、资金需求量大的农户和农村小企业，在报经上级管理部门备案后可再适当调高贷款额度。

（四）合理确定小额贷款期限。根据当地农业生产的季节特点、贷款项目生产周期和综合还款能力等，灵活确定小额贷款期限。禁止人为缩短贷款期限，坚决打破"春放秋收冬不贷"和不科学的贷款不跨年的传统做法。允许传统农业生产的小额贷款跨年度使用，要充分考虑借款人的实际需要和灾害等带来的客观影响，个别贷款期限可视情况延长。对用于温室种养、林果种植、茶园改造、特种水产

（畜）养殖等生产经营周期较长或灾害修复期较长的贷款，期限可延长至3年。消费贷款的期限可根据消费种类、借款人综合还款能力、贷款风险等因素由借贷双方协商确定。对确因自然灾害和疫病等不可抗力导致贷款到期无法偿还的，在风险可控的前提下可予以合理展期。

（五）科学确定小额贷款利率。实行贷款利率定价分级授权制度，法人机构应对分支机构贷款权限和利率浮动范围一并授权。分支机构应在法规和政策允许范围内，根据贷款利率授权，综合考虑借款人信用等级、贷款金额、贷款期限、资金及管理成本、风险水平、资本回报要求以及当地市场利率水平等因素，在浮动区间内进行转授权或自主确定贷款利率。

（六）简化小额贷款手续。在确保法律要素齐全的前提下，坚持便民利民原则，尽量简化贷款手续，缩短贷款审查时间。全面推广使用贷款证，对已获得贷款证的农户和农村小企业，凭贷款证和有效身份证件即可办理贷款手续。增加贷款申请受理的渠道，在营业网点设立农村小额贷款办理专柜或兼柜，开辟农村小额贷款绿色通道，方便农户和农村小企业申请贷款。协调有关部门，把农户贷款与银行卡功能有机结合起来，根据条件逐步把借记卡升级为贷记卡，在授信额度内采取"一次授信、分次使用、循环放贷"的方式，进一步提高贷款便利程度。

（七）强化动态授信管理。根据信用贷款和联保贷款的特点，按照"先评级—后授信—再用信"的程序，建立农村小额贷款授信管理制度以及操作流程。综合考察影响农户和农村小企业还款能力、还款意愿、信用记录等各种因素，及时评定申请人的信用等级，核发贷款证，实行公开授信。对农村小企业及其关联企业、农业合作经济组织等，以法人机构或授权的分支机构为单位，推行内部统一授信，同时注重信息工作，注意发挥外部评级机构的作用，防范客户交叉违约风险。对小额贷款客户资信状况和信用额度实行按年考核、动态管理，适时调整客户的信用等级和授信额度，彻底纠正授信管理机制僵化、客户信用等级管理滞后的问题。

（八）改进小额贷款服务方式。进一步转变工作作风，加强贷款营销，及时了解和满足农民资金需求，坚决改变等客上门的做法。要细分客户群体，对重点客户和优质客户，推行"一站式"服务，并在信贷审批、利率标准、信用额度、信贷种类等方面提供方便和优惠。尽量缩短贷款办理时间，原则上农户老客户小额贷款应在一天内办结，新客户小额贷款应在一周内办结，农村小企业贷款应在一周内办结，个别新企业也应在二周内告其结果。灵活还款方式，根据客户还款能力可采取按周、按月、按季等额或不等额分期还本付息等方式。对个别地域面积大、居住人口少的村镇，可通过流动服务等方式由客户经理上门服务。提高农村小额贷款透明度，公开授信标准、贷款条件和贷款发放程序，定期公布农村小额贷款授信和履约还款等情况。

（九）完善小额贷款激励约束机制。按照权、责、利相结合的原则，建立和完善农村小额贷款绩效评估机制，逐步建立起"定期检查，按季通报，年终总评，奖罚兑现"的考核体系。实行农村小额贷款与客户经理"三包一挂"制度，即包发放、包管理、包收回，绩效工资与相关信贷资产的质量、数量挂钩。建立科学、合理、规范的贷款管理责任考核制度，进一步明确客户经理和有关人员的责任。加强对农村小额贷款发放和管理各环节的尽职评价，对违反规定办理贷款的，严格追究责任；对尽职无错或非人为过错的，应减轻或免除相关责任；对所贷款项经常出现风险的要适时调整工作人员岗位，或视情况加强有针对性培训。

（十）培育农村信用文化。加快农村征信体系建设，依托全国集中统一的企业和个人信用信息基础数据库，尽快规范和完善农户和农村小企业信用档案。银行业金融机构要积极主动加入企业和个人信用信息基础数据库，实现与其他金融机构的信息共享。进一步推广信用户、信用村、信用乡（镇）制度，发挥好银行业金融机构的主导作用，通过建立农户自愿参加、政府监督指导、金融机构提供贷款支持的信贷管理模式，激发广大农民的积极性，把信用村镇创建活动引向深入。要坚持实事求是、循序渐进的原则，做到成熟一个发展一个，避免流于形式。对信用户的贷款需求，应在同等条件下实行贷款优先、利率优惠、额度放宽、手续简化的正向激励机制。结合信用村镇创建工作，加大宣传力度，为农村小额贷款业务的健康发展营造良好的信用环境。

三、切实加强对发展农村小额贷款业务的监督和指导

在推进农村小额贷款工作的过程中，各级监管部门和银行业金融机构要精心组织，分工负责，各司其职，协调配合，形成合力。

（一）加强组织领导。银行业金融机构要把大力发展农村小额贷款业务作为长期重要工作，成立专门的领导小组，负责具体推动农村小额贷款工作。各银行业金融机构要根据自身特点和管理要求，制定农村小额贷款业务发展规划，指导分支机构制定具体工作方案，明确阶段性任务目标。农村合作金融机构、邮政储蓄银行、村镇银行、贷款公司、资金互助社等机构应把农村小额贷款的增量（包括累放、累收量）和质量作为年度经营目标考核的重要内容，加强绩效考核。加强对农村小额贷款客户经理的针对性培训，提高其开拓市场和发展业务的能力。要加强宣传引导，强化督促检查，认真总结推广好的做法和先进经验，及时解决具体工作中出现的新情况和新问题。在业务开展过程中，要注重争取地方党政部门的支持，特别要充分发挥村委会和支委会的作用，对参与贷款清收工作的地方党政人员、村委会和支委会干部，银行业金融机构可根据放贷金额、贷款利息和不良贷款清收等，结合自身经营实际情况，采取适当奖励措施。

（二）加强农村小额贷款的风险控制。要继续完善农村小额贷款制度和流程，保证程序到位、管理到位、风险控制到位。全面推行农村小额贷款客户经理制，根据客户经理的营销能力、业务素质、前期业绩和业务区域的经济发展水平等，强化对一线人员的专业化培训，

建立充分覆盖风险、成本和收益的小额贷款利率自主浮动机制，合理确定客户经理的贷款权限。根据当地经济发展状况和自身管理能力，科学确定客户的小额贷款授信额度，对超过小额授信额度的大额贷款需求，必须按照有关规定采取保证、抵（质）押等贷款方式发放。切实加强贷款"三查"，贷前要认真考察借款人还款能力，深入分析评价贷款风险；贷中要严格执行农村小额贷款双签审批制，全面实行贷款上柜台，实现贷款管理与款项发放的分离；贷后要定期深入管辖村镇，及时了解和掌握借款人生产经营情况，严格监督贷款实际用途。要积极探索建立农村小额贷款风险的转移、分担和补偿机制，把发展农村小额贷款与农村小额保险业务结合起来，与当地担保体系建设情况结合起来。要把农村小额贷款主体真实性作为内部审计的重要内容，对挪用贷款、顶冒名贷款或不符合贷款条件的，要及时采取取消授信、停止放贷、限期收回和资产保全等措施，并严肃追究有关责任人的责任。

（三）加强农村小额贷款业务监管。各级监管部门要督促银行业金融机构建立健全农村小额贷款制度和办法，进一步加强对农村小额贷款业务的指导和检查，严肃查处违法违规经营行为。加强和改进农村小额贷款统计分析和风险预警，及时跟踪了解农村小额贷款业务进展情况。对农村小额贷款业务开展得好、效益持续提高的银行业金融机构，监管部门可对其在农村地区增设机构、开办新业务等方面给予积极支持。银监会将综合考虑农户和农村企业贷款面、农业贷款的存量与增量、贷款质量、当地农村信用水平、产品创新能力等因素，制定发布银行业金融机构支农服务评价指标体系和监管办法。各级监管部门要据此认真开展支农服务评价工作，引导辖内银行业金融机构逐步完善农村小额贷款制度，规范开展业务，进一步提高"三农"金融服务水平。

请各银监局将本指导意见转发至辖内各农村商业银行、农村合作银行、农村信用社、村镇银行、贷款公司、资金互助社。

附录3 农村信用合作社农户小额信用贷款管理指导意见

(银发〔2001〕397号)

第一条 为支持农业和农村经济的发展,提高农村信用合作社(以下简称信用社)信贷服务水平,增加对农户和农业生产的信贷投入,简化贷款手续,根据《中华人民共和国中国人民银行法》、《中华人民共和国商业银行法》和《贷款通则》等有关法律、法规和规章的规定,制定本指导意见。

第二条 本指导意见所称农户是指具有农业户口,主要从事农村土地耕作或者其他与农村经济发展有关的生产经营活动的农民、个体经营户等。

第三条 本指导意见所称农户小额信用贷款是指信用社基于农户的信誉,在核定的额度和期限内向农户发放的不需抵押、担保的贷款。

小额信用贷款的具体额度,由信用社县(市)联社根据当地农村经济状况、农户生产经营收入、信用社资金状况等具体确定,报中国人民银行县(市)支行核准。

第四条 农户小额信用贷款采取"一次核定、随用随贷、余额控制、周转使用"的管理办法。

第五条 申请小额信用贷款的农户应具备以下条件:

(一)居住在信用社的营业区域之内;

(二)具有完全民事行为能力,资信良好;

(三)从事土地耕作或者其他符合国家产业政策的生产经营活动,并有合法、可靠的经济来源;

(四)具备清偿贷款本息的能力。

第六条 农户小额信用贷款的用途包括:

（一）种植业、养殖业方面的农业生产费用贷款；

（二）小型农机具贷款；

（三）围绕农业生产的产前、产中、产后服务等贷款；

（四）购置生活用品、建房、治病、子女上学等消费类贷款。

第七条　信用社应建立农户信用评定制度，并根据农户个人信誉、还款记录、所从事生产经营活动的主要内容、经营能力、偿债能力等指标制定具体的评定办法。

第八条　信用社应建立完善的农户贷款档案。农户贷款档案应当包括以下项目：

（一）姓名、身份证件号码、住址、联系方式等；

（二）从事生产经营活动的主要内容、收入状况、家庭实有资产状况等；

（三）还款的历史记录；

（四）所在村委会组织的意见；

（五）信用社信贷经办人员意见。

农户贷款档案的具体项目和形式，由各地信用社联社根据当地实际确定。

第九条　信用社成立农户信用评定小组。小组成员以信用社人员和农户代表为主，同时吸收村党支部和村委会成员参加。

第十条　农户信用评定步骤：

（一）农户向信用社提出信用评定申请；

（二）信贷人员调查农户生产资金需求和家庭经济收入情况，提出信用状况评定建议；

（三）由信用评定小组按照农户信用评定办法，对申请人进行信用评定。

第十一条　农户信用评定等级分为优秀、较好、一般三个档次。具体等级设定及标准由各地信用社联社根据当地实际确定。

第十二条　信用社可以根据农户的信用评定等级，核定相应等级的信用贷款限额，发放贷款证（卡）。

贷款证（卡）以农户为单位发放，一户一证。农户不得将贷款证（卡）出租、出借或转让。

第十三条　信用社应对评定的农户信用等级每两年审查一次。对农户信誉程度发生变化的，应及时变更信用评定等级及相应的贷款限额。对随意变更贷款用途，出租、出借或转让贷款证（卡）的农户，应及时收回贷款证（卡），并取消其小额信用贷款资格。

第十四条　持有贷款证（卡）的农户可以凭贷款证（卡）及有效身份证件，到信用社营业网点直接办理限额内的贷款。信用社的信贷人员也可以到持贷款证（卡）的农户家中发放贷款。

第十五条　信用社应以户为单位设立持贷款证（卡）农户登记台账。贷款证（卡）上记载的贷款发放情况应与信用社的登记台账一致。

第十六条　信用社应对信贷人员发放、管理和收回小额信用贷款的情况进行考核，并根据贷款发放户数、发放量和回收率等指标制定相应奖惩措施。

第十七条　农户小额信用贷款期限根据生产经营活动的实际周期确定，小额生产费用贷款一般不超过一年。

第十八条　农户小额信用贷款利率可以按中国人民银行公布的贷款基准利率和浮动幅度适当优惠。

第十九条　农户小额信用贷款的结息方式与其他贷款相同。

第二十条　中国人民银行各分支行应督促辖内信用社联社，根据本指导意见，结合本地实际，制定具体的实施办法，并报中国人民银行当地分支行备案。

附录4　中华人民共和国商业银行法

1995年5月10日第八届全国人民代表大会常务委员会第十三次会议通过，2003年12月27日第十届全国人民代表大会常务委员会第六次会议《中华人民共和国商业银行法》修正。

第一章　总则

第一条　为了保护商业银行、存款人和其他客户的合法权益，规范商业银行的行为，提高信贷资产质量，加强监督管理，保障商业银行的稳健运行，维护金融秩序，促进社会主义市场经济的发展，制定本法。

第二条　本法所称的商业银行是指依照本法和《中华人民共和国公司法》设立的吸收公众存款、发放贷款、办理结算等业务的企业法人。

第三条　商业银行可以经营下列部分或者全部业务：

（一）吸收公众存款；

（二）发放短期、中期和长期贷款；

（三）办理国内外结算；

（四）办理票据承兑与贴现；

（五）发行金融债券；

（六）代理发行、代理兑付、承销政府债券；

（七）买卖政府债券、金融债券；

（八）从事同业拆借；

（九）买卖、代理买卖外汇；

（十）从事银行卡业务；

（十一）提供信用证服务及担保；

（十二）代理收付款项及代理保险业务；

（十三）提供保管箱服务；

（十四）经国务院银行业监督管理机构批准的其他业务。

经营范围由商业银行章程规定，报国务院银行业监督管理机构批准。

商业银行经中国人民银行批准，可以经营结汇、售汇业务。

第四条　商业银行以安全性、流动性、效益性为经营原则，实行自主经营，自担风险，自负盈亏，自我约束。

商业银行依法开展业务，不受任何单位和个人的干涉。

商业银行以其全部法人财产独立承担民事责任。

第五条　商业银行与客户的业务往来，应当遵循平等、自愿、公平和诚实信用的原则。

第六条　商业银行应当保障存款人的合法权益不受任何单位和个人的侵犯。

第七条　商业银行开展信贷业务，应当严格审查借款人的资信，实行担保，保障按期收回贷款。

商业银行依法向借款人收回到期贷款的本金和利息，受法律保护。

第八条　商业银行开展业务，应当遵守法律、行政法规的有关规定，不得损害国家利益、社会公共利益。

第九条　商业银行开展业务，应当遵守公平竞争的原则，不得从事不正当竞争。

第十条　商业银行依法接受国务院银行业监督管理机构的监督管理，但法律规定其有关业务接受其他监督管理部门或者机构监督管理的，依照其规定。

第二章　商业银行的设立和组织机构

第十一条　设立商业银行，应当经国务院银行业监督管理机构审查批准。

未经国务院银行业监督管理机构批准，任何单位和个人不得从事吸收公众存款等商业银行业务，任何单位不得在名称中使用"银行"字样。

第十二条　设立商业银行，应当具备下列条件：

（一）有符合本法和《中华人民共和国公司法》规定的章程；

（二）有符合本法规定的注册资本最低限额；

（三）有具备任职专业知识和业务工作经验的董事、高级管理人员；

（四）有健全的组织机构和管理制度；

（五）有符合要求的营业场所、安全防范措施和与业务有关的其他设施。

设立商业银行，还应当符合其他审慎性条件。

第十三条　设立全国性商业银行的注册资本最低限额为十亿元人民币。设立城市商业银行的注册资本最低限额为一亿元人民币，设立农村商业银行的注册资本最低限额为五千万元人民币。注册资本应当是实缴资本。

国务院银行业监督管理机构根据审慎监管的要求可以调整注册资本最低限额，但不得少于前款规定的限额。

第十四条　设立商业银行，申请人应当向国务院银行业监督管理机构提交下列文件、资料：

（一）申请书，申请书应当载明拟设立的商业银行的名称、所在地、注册资本、业务范围等；

（二）可行性研究报告；

（三）国务院银行业监督管理机构规定提交的其他文件、资料。

第十五条　设立商业银行的申请经审查符合本法第十四条规定的，申请人应当填写正式申请表，并提交下列文件、资料：

（一）章程草案；

（二）拟任职的董事、高级管理人员的资格证明；

（三）法定验资机构出具的验资证明；

（四）股东名册及其出资额、股份；

（五）持有注册资本百分之五以上的股东的资信证明和有关资料；

（六）经营方针和计划；

（七）营业场所、安全防范措施和与业务有关的其他设施的资料；

（八）国务院银行业监督管理机构规定的其他文件、资料。

第十六条　经批准设立的商业银行，由国务院银行业监督管理机构颁发经营许可证，并凭该许可证向工商行政管理部门办理登记，领取营业执照。

第十七条　商业银行的组织形式、组织机构适用《中华人民共和国公司法》的规定。

本法施行前设立的商业银行，其组织形式、组织机构不完全符合《中华人民共和国公司法》规定的，可以继续沿用原有的规定，适用前款规定的日期由国务院规定。

第十八条　国有独资商业银行设立监事会。监事会的产生办法由国务院规定。

监事会对国有独资商业银行的信贷资产质量、资产负债比例、国有资产保值增值等情况以及高级管理人员违反法律、行政法规或者章程的行为和损害银行利益的行为进行监督。

第十九条　商业银行根据业务需要可以在中华人民共和国境内外设立分支机构。设立分支机构必须经国务院银行业监督管理机构审查批准。在中华人民共和国境内的分支机构，不按行政区划设立。

商业银行在中华人民共和国境内设立分支机构，应当按照规定拨付与其经营规模相适应的营运资金额。拨付各分支机构营运资金额的总和，不得超过总行资本金总额的百分之六十。

第二十条　设立商业银行分支机构，申请人应当向国务院银行业监督管理机构提交下列文件、资料：

（一）申请书，申请书应当载明拟设立的分支机构的名称、营运资金额、业务范围、总行及分支机构所在地等；

（二）申请人最近二年的财务会计报告；

（三）拟任职的高级管理人员的资格证明；

（四）经营方针和计划；

（五）营业场所、安全防范措施和与业务有关的其他设施的资料；

（六）国务院银行业监督管理机构规定的其他文件、资料。

第二十一条　经批准设立的商业银行分支机构，由国务院银行业监督管理机构颁发经营许可证，并凭该许可证向工商行政管理部门办理登记，领取营业执照。

第二十二条　商业银行对其分支机构实行全行统一核算，统一调度资金，分级管理的财务制度。

商业银行分支机构不具有法人资格，在总行授权范围内依法开展业务，其民事责任由总行承担。

第二十三条　经批准设立的商业银行及其分支机构，由国务院银行业监督管理机构予以公告。

商业银行及其分支机构自取得营业执照之日起无正当理由超过六个月未开业的，或者开业后自行停业连续六个月以上的，由国务院银行业监督管理机构吊销其经营许可证，并予以公告。

第二十四条　商业银行有下列变更事项之一的，应当经国务院银行业监督管理机构批准：

（一）变更名称；

（二）变更注册资本；

（三）变更总行或者分支行所在地；

（四）调整业务范围；

（五）变更持有资本总额或者股份总额百分之五以上的股东；

（六）修改章程；

（七）国务院银行业监督管理机构规定的其他变更事项。

更换董事、高级管理人员时，应当报经国务院银行业监督管理机构审查其任职资格。

第二十五条　商业银行的分立、合并，适用《中华人民共和国公司法》的规定。

商业银行的分立、合并，应当经国务院银行业监督管理机构审查批准。

第二十六条　商业银行应当依照法律、行政法规的规定使用经营许可证。禁止伪造、变造、转让、出租、出借经营许可证。

第二十七条　有下列情形之一的，不得担任商业银行的董事、高级管理人员：

（一）因犯有贪污、贿赂、侵占财产、挪用财产罪或者破坏社会经济秩序罪，被判处刑罚，或者因犯罪被剥夺政治权利的；

（二）担任因经营不善破产清算的公司、企业的董事或者厂长、经理，并对该公司、企业的破产负有个人责任的；

（三）担任因违法被吊销营业执照的公司、企业的法定代表人，并负有个人责任的；

（四）个人所负数额较大的债务到期未清偿的。

第二十八条　任何单位和个人购买商业银行股份总额百分之五以上的，应当事先经国务院银行业监督管理机构批准。

第三章　对存款人的保护

第二十九条　商业银行办理个人储蓄存款业务，应当遵循存款自愿、取款自由、存款有息、为存款人保密的原则。

对个人储蓄存款，商业银行有权拒绝任何单位或者个人查询、冻结、扣划，但法律另有规定的除外。

第三十条　对单位存款，商业银行有权拒绝任何单位或者个人查询，但法律、行政法规另有规定的除外；有权拒绝任何单位或者个人冻结、扣划，但法律另有规定的除外。

第三十一条　商业银行应当按照中国人民银行规定的存款利率的

上下限，确定存款利率，并予以公告。

第三十二条　商业银行应当按照中国人民银行的规定，向中国人民银行交存存款准备金，留足备付金。

第三十三条　商业银行应当保证存款本金和利息的支付，不得拖延、拒绝支付存款本金和利息。

第四章　贷款和其他业务的基本规则

第三十四条　商业银行根据国民经济和社会发展的需要，在国家产业政策指导下开展贷款业务。

第三十五条　商业银行贷款，应当对借款人的借款用途、偿还能力、还款方式等情况进行严格审查。

商业银行贷款，应当实行审贷分离、分级审批的制度。

第三十六条　商业银行贷款，借款人应当提供担保。商业银行应当对保证人的偿还能力，抵押物、质物的权属和价值以及实现抵押权、质权的可行性进行严格审查。

经商业银行审查、评估，确认借款人资信良好，确能偿还贷款的，可以不提供担保。

第三十七条　商业银行贷款，应当与借款人订立书面合同。合同应当约定贷款种类、借款用途、金额、利率、还款期限、还款方式、违约责任和双方认为需要约定的其他事项。

第三十八条　商业银行应当按照中国人民银行规定的贷款利率的上下限，确定贷款利率。

第三十九条　商业银行贷款，应当遵守下列资产负债比例管理的规定：

（一）资本充足率不得低于百分之八；

（二）贷款余额与存款余额的比例不得超过百分之七十五；

（三）流动性资产余额与流动性负债余额的比例不得低于百分之二十五；

（四）对同一借款人的贷款余额与商业银行资本余额的比例不得

超过百分之十；

（五）国务院银行业监督管理机构对资产负债比例管理的其他规定。

本法施行前设立的商业银行，在本法施行后，其资产负债比例不符合前款规定的，应当在一定的期限内符合前款规定。具体办法由国务院规定。

第四十条　商业银行不得向关系人发放信用贷款；向关系人发放担保贷款的条件不得优于其他借款人同类贷款的条件。

前款所称关系人是指：

（一）商业银行的董事、监事、管理人员、信贷业务人员及其近亲属；

（二）前项所列人员投资或者担任高级管理职务的公司、企业和其他经济组织。

第四十一条　任何单位和个人不得强令商业银行发放贷款或者提供担保。商业银行有权拒绝任何单位和个人强令要求其发放贷款或者提供担保。

第四十二条　借款人应当按期归还贷款的本金和利息。

借款人到期不归还担保贷款的，商业银行依法享有要求保证人归还贷款本金和利息或者就该担保物优先受偿的权利。商业银行因行使抵押权、质权而取得的不动产或者股权，应当自取得之日起二年内予以处分。

借款人到期不归还信用贷款的，应当按照合同约定承担责任。

第四十三条　商业银行在中华人民共和国境内不得从事信托投资和证券经营业务，不得向非自用不动产投资或者向非银行金融机构和企业投资，但国家另有规定的除外。

第四十四条　商业银行办理票据承兑、汇兑、委托收款等结算业务，应当按照规定的期限兑现，收付入账，不得压单、压票或者违反规定退票。有关兑现、收付入账期限的规定应当公布。

第四十五条　商业银行发行金融债券或者到境外借款，应当依照法律、行政法规的规定报经批准。

第四十六条　同业拆借，应当遵守中国人民银行的规定。禁止利用拆入资金发放固定资产贷款或者用于投资。

拆出资金限于交足存款准备金、留足备付金和归还中国人民银行到期贷款之后的闲置资金。拆入资金用于弥补票据结算、联行汇差头寸的不足和解决临时性周转资金的需要。

第四十七条　商业银行不得违反规定提高或者降低利率以及采用其他不正当手段，吸收存款，发放贷款。

第四十八条　企业事业单位可以自主选择一家商业银行的营业场所开立一个办理日常转账结算和现金收付的基本账户，不得开立两个以上基本账户。

任何单位和个人不得将单位的资金以个人名义开立账户存储。

第四十九条　商业银行的营业时间应当方便客户，并予以公告。商业银行应当在公告的营业时间内营业，不得擅自停止营业或者缩短营业时间。

第五十条　商业银行办理业务，提供服务，按照规定收取手续费。收费项目和标准由国务院银行业监督管理机构、中国人民银行根据职责分工，分别会同国务院价格主管部门制定。

第五十一条　商业银行应当按照国家有关规定保存财务会计报表、业务合同以及其他资料。

第五十二条　商业银行的工作人员应当遵守法律、行政法规和其他各项业务管理的规定，不得有下列行为：

（一）利用职务上的便利，索取、收受贿赂或者违反国家规定收受各种名义的回扣、手续费；

（二）利用职务上的便利，贪污、挪用、侵占本行或者客户的资金；

（三）违反规定徇私向亲属、朋友发放贷款或者提供担保；

（四）在其他经济组织兼职；

（五）违反法律、行政法规和业务管理规定的其他行为。

第五十三条　商业银行的工作人员不得泄露其在任职期间知悉的国家秘密、商业秘密。

第五章　财务会计

第五十四条　商业银行应当依照法律和国家统一的会计制度以及国务院银行业监督管理机构的有关规定，建立、健全本行的财务、会计制度。

第五十五条　商业银行应当按照国家有关规定，真实记录并全面反映其业务活动和财务状况，编制年度财务会计报告，及时向国务院银行业监督管理机构、中国人民银行和国务院财政部门报送。商业银行不得在法定的会计账册外另立会计账册。

第五十六条　商业银行应当于每一会计年度终了三个月内，按照国务院银行业监督管理机构的规定，公布其上一年度的经营业绩和审计报告。

第五十七条　商业银行应当按照国家有关规定，提取呆账准备金，冲销呆账。

第五十八条　商业银行的会计年度自公历1月1日起至12月31日止。

第六章　监督管理

第五十九条　商业银行应当按照有关规定，制定本行的业务规则，建立、健全本行的风险管理和内部控制制度。

第六十条　商业银行应当建立、健全本行对存款、贷款、结算、呆账等各项情况的稽核、检查制度。

商业银行对分支机构应当进行经常性的稽核和检查监督。

第六十一条　商业银行应当按照规定向国务院银行业监督管理机构、中国人民银行报送资产负债表、利润表以及其他财务会计、统计报表和资料。

第六十二条　国务院银行业监督管理机构有权依照本法第三章、

第四章、第五章的规定，随时对商业银行的存款、贷款、结算、呆账等情况进行检查监督。检查监督时，检查监督人员应当出示合法的证件。商业银行应当按照国务院银行业监督管理机构的要求，提供财务会计资料、业务合同和有关经营管理方面的其他信息。

中国人民银行有权依照《中华人民共和国中国人民银行法》第三十二条、第三十四条的规定对商业银行进行检查监督。

第六十三条　商业银行应当依法接受审计机关的审计监督。

第七章　接管和终止

第六十四条　商业银行已经或者可能发生信用危机，严重影响存款人的利益时，国务院银行业监督管理机构可以对该银行实行接管。

接管的目的是对被接管的商业银行采取必要措施，以保护存款人的利益，恢复商业银行的正常经营能力。被接管的商业银行的债权债务关系不因接管而变化。

第六十五条　接管由国务院银行业监督管理机构决定，并组织实施。国务院银行业监督管理机构的接管决定应当载明下列内容：

（一）被接管的商业银行名称；

（二）接管理由；

（三）接管组织；

（四）接管期限。

接管决定由国务院银行业监督管理机构予以公告。

第六十六条　接管自接管决定实施之日起开始。

自接管开始之日起，由接管组织行使商业银行的经营管理权力。

第六十七条　接管期限届满，国务院银行业监督管理机构可以决定延期，但接管期限最长不得超过二年。

第六十八条　有下列情形之一的，接管终止：

（一）接管决定规定的期限届满或者国务院银行业监督管理机构决定的接管延期届满；

（二）接管期限届满前，该商业银行已恢复正常经营能力；

（三）接管期限届满前，该商业银行被合并或者被依法宣告破产。

第六十九条　商业银行因分立、合并或者出现公司章程规定的解散事由需要解散的，应当向国务院银行业监督管理机构提出申请，并附解散的理由和支付存款的本金和利息等债务清偿计划。经国务院银行业监督管理机构批准后解散。

商业银行解散的，应当依法成立清算组，进行清算，按照清偿计划及时偿还存款本金和利息等债务。国务院银行业监督管理机构监督清算过程。

第七十条　商业银行因吊销经营许可证被撤销的，国务院银行业监督管理机构应当依法及时组织成立清算组，进行清算，按照清偿计划及时偿还存款本金和利息等债务。

第七十一条　商业银行不能支付到期债务，经国务院银行业监督管理机构同意，由人民法院依法宣告其破产。商业银行被宣告破产的，由人民法院组织国务院银行业监督管理机构等有关部门和有关人员成立清算组，进行清算。

商业银行破产清算时，在支付清算费用、所欠职工工资和劳动保险费用后，应当优先支付个人储蓄存款的本金和利息。

第七十二条　商业银行因解散、被撤销和被宣告破产而终止。

第八章　法律责任

第七十三条　商业银行有下列情形之一，对存款人或者其他客户造成财产损害的，应当承担支付迟延履行的利息以及其他民事责任：

（一）无故拖延、拒绝支付存款本金和利息的；

（二）违反票据承兑等结算业务规定，不予兑现，不予收付入账，压单、压票或者违反规定退票的；

（三）非法查询、冻结、扣划个人储蓄存款或者单位存款的；

（四）违反本法规定对存款人或者其他客户造成损害的其他行为。

有前款规定情形的，由国务院银行业监督管理机构责令改正，有违法所得的，没收违法所得，违法所得五万元以上的，并处违法所得一倍以上五倍以下罚款；没有违法所得或者违法所得不足五万元的，处五万元以上五十万元以下罚款。

第七十四条　商业银行有下列情形之一，由国务院银行业监督管理机构责令改正，有违法所得的，没收违法所得，违法所得五十万元以上的，并处违法所得一倍以上五倍以下罚款；没有违法所得或者违法所得不足五十万元的，处五十万元以上二百万元以下罚款；情节特别严重或者逾期不改正的，可以责令停业整顿或者吊销其经营许可证；构成犯罪的，依法追究刑事责任：

（一）未经批准设立分支机构的；

（二）未经批准分立、合并或者违反规定对变更事项不报批的；

（三）违反规定提高或者降低利率以及采用其他不正当手段，吸收存款，发放贷款的；

（四）出租、出借经营许可证的；

（五）未经批准买卖、代理买卖外汇的；

（六）未经批准买卖政府债券或者发行、买卖金融债券的；

（七）违反国家规定从事信托投资和证券经营业务、向非自用不动产投资或者向非银行金融机构和企业投资的；

（八）向关系人发放信用贷款或者发放担保贷款的条件优于其他借款人同类贷款的条件的。

第七十五条　商业银行有下列情形之一，由国务院银行业监督管理机构责令改正，并处二十万元以上五十万元以下罚款；情节特别严重或者逾期不改正的，可以责令停业整顿或者吊销其经营许可证；构成犯罪的，依法追究刑事责任：

（一）拒绝或者阻碍国务院银行业监督管理机构检查监督的；

（二）提供虚假的或者隐瞒重要事实的财务会计报告、报表和统计报表的；

（三）未遵守资本充足率、存贷比例、资产流动性比例、同一借款人贷款比例和国务院银行业监督管理机构有关资产负债比例管理的其他规定的。

第七十六条　商业银行有下列情形之一，由中国人民银行责令改正，有违法所得的，没收违法所得，违法所得五十万元以上的，并处违法所得一倍以上五倍以下罚款；没有违法所得或者违法所得不足五十万元的，处五十万元以上二百万元以下罚款；情节特别严重或者逾期不改正的，中国人民银行可以建议国务院银行业监督管理机构责令停业整顿或者吊销其经营许可证；构成犯罪的，依法追究刑事责任：

（一）未经批准办理结汇、售汇的；

（二）未经批准在银行间债券市场发行、买卖金融债券或者到境外借款的；

（三）违反规定同业拆借的。

第七十七条　商业银行有下列情形之一，由中国人民银行责令改正，并处二十万元以上五十万元以下罚款；情节特别严重或者逾期不改正的，中国人民银行可以建议国务院银行业监督管理机构责令停业整顿或者吊销其经营许可证；构成犯罪的，依法追究刑事责任：

（一）拒绝或者阻碍中国人民银行检查监督的；

（二）提供虚假的或者隐瞒重要事实的财务会计报告、报表和统计报表的；

（三）未按照中国人民银行规定的比例交存存款准备金的。

第七十八条　商业银行有本法第七十三条至第七十七条规定情形的，对直接负责的董事、高级管理人员和其他直接责任人员，应当给予纪律处分；构成犯罪的，依法追究刑事责任。

第七十九条　有下列情形之一，由国务院银行业监督管理机构责令改正，有违法所得的，没收违法所得，违法所得五万元以上的，并处违法所得一倍以上五倍以下罚款；没有违法所得或者违法所得不足五万元的，处五万元以上五十万元以下罚款：

（一）未经批准在名称中使用"银行"字样的；

（二）未经批准购买商业银行股份总额百分之五以上的；

（三）将单位的资金以个人名义开立账户存储的。

第八十条　商业银行不按照规定向国务院银行业监督管理机构报送有关文件、资料的，由国务院银行业监督管理机构责令改正，逾期不改正的，处十万元以上三十万元以下罚款。

商业银行不按照规定向中国人民银行报送有关文件、资料的，由中国人民银行责令改正，逾期不改正的，处十万元以上三十万元以下罚款。

第八十一条　未经国务院银行业监督管理机构批准，擅自设立商业银行，或者非法吸收公众存款、变相吸收公众存款，构成犯罪的，依法追究刑事责任；并由国务院银行业监督管理机构予以取缔。

伪造、变造、转让商业银行经营许可证，构成犯罪的，依法追究刑事责任。

第八十二条　借款人采取欺诈手段骗取贷款，构成犯罪的，依法追究刑事责任。

第八十三条　有本法第八十一条、第八十二条规定的行为，尚不构成犯罪的，由国务院银行业监督管理机构没收违法所得，违法所得五十万元以上的，并处违法所得一倍以上五倍以下罚款；没有违法所得或者违法所得不足五十万元的，处五十万元以上二百万元以下罚款。

第八十四条　商业银行工作人员利用职务上的便利，索取、收受贿赂或者违反国家规定收受各种名义的回扣、手续费，构成犯罪的，依法追究刑事责任；尚不构成犯罪的，应当给予纪律处分。

有前款行为，发放贷款或者提供担保造成损失的，应当承担全部或者部分赔偿责任。

第八十五条　商业银行工作人员利用职务上的便利，贪污、挪用、侵占本行或者客户资金，构成犯罪的，依法追究刑事责任；尚不构成犯罪的，应当给予纪律处分。

第八十六条　商业银行工作人员违反本法规定玩忽职守造成损失的，应当给予纪律处分；构成犯罪的，依法追究刑事责任。

违反规定徇私向亲属、朋友发放贷款或者提供担保造成损失的，应当承担全部或者部分赔偿责任。

第八十七条 商业银行工作人员泄露在任职期间知悉的国家秘密、商业秘密的，应当给予纪律处分；构成犯罪的，依法追究刑事责任。

第八十八条 单位或者个人强令商业银行发放贷款或者提供担保的，应当对直接负责的主管人员和其他直接责任人员或者个人给予纪律处分；造成损失的，应当承担全部或者部分赔偿责任。

商业银行的工作人员对单位或者个人强令其发放贷款或者提供担保未予拒绝的，应当给予纪律处分；造成损失的，应当承担相应的赔偿责任。

第八十九条 商业银行违反本法规定的，国务院银行业监督管理机构可以区别不同情形，取消其直接负责的董事、高级管理人员一定期限直至终身的任职资格，禁止直接负责的董事、高级管理人员和其他直接责任人员一定期限直至终身从事银行业工作。

商业银行的行为尚不构成犯罪的，对直接负责的董事、高级管理人员和其他直接责任人员，给予警告，处五万元以上五十万元以下罚款。

第九十条 商业银行及其工作人员对国务院银行业监督管理机构、中国人民银行的处罚决定不服的，可以依照《中华人民共和国行政诉讼法》的规定向人民法院提起诉讼。

第九章 附则

第九十一条 本法施行前，按照国务院的规定经批准设立的商业银行不再办理审批手续。

第九十二条 外资商业银行、中外合资商业银行、外国商业银行分行适用本法规定，法律、行政法规另有规定的，依照其规定。

第九十三条 城市信用合作社、农村信用合作社办理存款、贷款和结算等业务，适用本法有关规定。

第九十四条　邮政企业办理商业银行的有关业务，适用本法有关规定。

第九十五条　本法自 1995 年 7 月 1 日起施行。

附录5 农户贷款管理办法（征求意见稿）

第一章 总则

第一条 （目的和依据）为提高金融机构支农服务水平，规范农户贷款业务行为，加强农户贷款风险管控，促进农户贷款稳健发展，依据《中华人民共和国银行业监督管理法》、《中华人民共和国商业银行法》等法律法规，制定本办法。

第二条 （农户贷款定义）本办法所称农户贷款，是指金融机构向符合条件的农户发放的用于生产经营、生活消费等用途的本外币贷款。

第三条 （农户范围）本办法所指农户范围与中国人民银行、中国银行业监督管理委员会《涉农贷款专项统计制度》一致。

第四条 （适用范围）本办法适用于农村商业银行、农村合作银行、农村信用社、村镇银行、贷款公司等农村中小金融机构。

第五条 （监管适用性）中国银行业监督管理委员会依照本办法对农户贷款业务实施监督管理。

第二章 管理架构与政策

第六条 （发展战略）农村中小金融机构应坚持服务"三农"的市场定位，本着"平等透明、规范高效、风险可控、互惠互利"的原则，积极发展农户贷款业务，制定农户贷款发展战略，积极创新产品，建立专门风险管理与考核激励机制，加大营销力度，不断扩大授信覆盖面，提高农户贷款可得性、便利性、安全性。

第七条 （主动服务）农村中小金融机构应增强主动服务意识，加强产业发展与市场研究，了解发掘农户信贷需求，创新抵押担保方式，积极开发适合农户需求的信贷产品，广泛向农户宣传介绍，提高农户贷款覆盖面。

第八条 （管理架构）农村中小金融机构应结合自身特点、风险管控要求及农户服务需求，构建有效服务流程，形成营销职能完善、管理控制严密、支持保障有力的农户贷款全流程管理架构。具备条件的可实行条线管理或事业部制架构。

第九条 （业务流程）农村中小金融机构应建立包括建档、营销、受理、调查、评级、授信、审批、放款、贷后管理与动态调整等内容的农户贷款管理流程。针对不同的农户贷款产品，可采取差异化的管理流程。对于农户小额信用（担保）贷款可简化流程，按照"一次核定、随用随贷、余额控制、周转使用、动态调整"模式进行管理，对其他农户贷款可按照"逐笔申请、逐笔审批发放"的模式进行管理。

第十条 （岗位设置）农村中小金融机构应优化岗位设计，围绕受理、授信、用信、贷后管理等关键环节，科学合理设置前、中、后台岗位，确保前后台分离，确保职责清晰、制约有效。

第十一条 （阳光信贷要求）农村中小金融机构应提高办贷效率，加大惠农力度，公开贷款条件、贷款流程、贷款利率与收费标准、办结时限以及监督方式等。

第十二条 （农户权益保护）农村中小金融机构开展农户贷款业务应维护借款人权益，严禁向借款人预收利息、收取账户管理费用、搭售金融产品等不规范经营行为。

第十三条 （信息管理系统）农村中小金融机构应提高农户贷款管理服务效率，研发完善农户贷款管理信息系统与自助服务系统，并与核心业务系统有效对接。

第三章　贷款基本要素

第十四条 贷款条件。农户申请贷款应具备以下条件：

（一）农户贷款以户为单位申请发放，并明确一名家庭成员为借款人，借款人应为具有完全民事行为能力的中华人民共和国公民；

（二）户籍所在地、固定住所或固定经营场所在农村中小金融机构服务辖区内；

（三）贷款用途明确合法；

（四）贷款申请数额、期限和币种合理；

（五）借款人具备还款意愿和还款能力；

（六）借款人无重大信用不良记录；

（七）在农村中小金融机构开立结算账户；

（八）农村中小金融机构要求的其他条件。

第十五条　贷款用途。农户贷款用途应符合法律法规规定和国家有关政策，不得发放无指定用途的农户贷款。按照用途分类，农户贷款分为农户生产经营贷款和农户消费贷款。

（一）农户生产经营贷款是指农村中小金融机构发放给农户用于生产经营活动的贷款，包括农户农、林、牧、渔业生产经营贷款和农户其他生产经营贷款。

（二）农户消费贷款是指农村中小金融机构发放给农户用于自身及家庭生活消费以及医疗、学习等需要的贷款。农户住房按揭贷款按照各机构按揭贷款管理规定办理。

第十六条　贷款种类。按信用形式分类，农户贷款分为信用贷款、保证贷款、抵押贷款、质押贷款。农村中小金融机构应积极创新抵质押担保方式，增强农户贷款增信能力，改善农户贷款风险水平。

第十七条　贷款额度。农村中小金融机构应根据借款人生产经营状况、偿债能力、贷款真实需求、信用状况、担保方式、机构自身资金状况以及当地农村经济发展水平等因素，合理确定农户贷款额度。

第十八条　贷款期限。农村中小金融机构应根据贷款项目生产周期、销售周期和综合还款能力合理确定贷款期限。

第十九条　贷款利率。农村中小金融机构应综合考虑农户贷款资金及管理成本、贷款方式、风险水平、合理回报等要素及支农惠农要求，确定利率水平。

第二十条　还款方式。农村中小金融机构应建立借款人合理的收入偿债比例控制机制，合理确定农户贷款还款方式。农户贷款还款方式根据贷款种类、期限及借款人现金流情况，可采用分期还本付息、分期还息到期还本等方式。原则上一年期以上贷款不得采用到期利随本清方式。

第四章　受理与调查

第二十一条　（农户建档）农村中小金融机构应全面建立农户信息档案，主动走访辖内农户，了解农户信贷需求。

第二十二条　（贷款申请）农村中小金融机构应要求农户以书面形式提出贷款申请，并提供能证明其符合贷款条件的相关资料。

第二十三条　（贷前调查责任）农村中小金融机构受理借款人贷款申请后，应履行尽职调查职责，对贷款申请内容和相关情况的真实性、准确性、完整性进行调查核实，对信用状况、风险、收益进行评价，形成调查评价意见。

第二十四条　（贷前调查内容）贷前调查应包括但不限于下列内容：

（一）借款人（户）基本情况；

（二）借款户收入支出与财产负债等情况；

（三）借款人（户）信用状况；

（四）借款用途及预期风险收益情况；

（五）借款人还款来源、还款能力及还款方式；

（六）保证人担保意愿、担保能力或抵（质）押物价值及变现能力；

（七）借款人、保证人的个人信用信息基础数据库查询情况。

第二十五条　（贷前调查方式）贷前调查应深入了解借款户收支、经营与信用情况，严格执行实地调查制度，并与借款人及其家庭成员进行面谈，做好面谈记录，面谈记录包括文字、图片或影像等。有效借助村委员、德高望重村民、经营共同体带头人等社会力量，准确了解借款人情况及经营风险。

第二十六条 （信用评级）农村中小金融机构应建立完善信用等级及授信额度动态评定制度，根据借款人实际情况对借款人进行信用等级评定，并结合贷款项目风险情况初步确定授信限额、授信期限及贷款利率等。

第五章　审查与审批

第二十七条 （审批授权制度）农村中小金融机构应遵循审慎性原则，建立完善独立审批制度，完善农户信贷审批授权，根据业务职能部门和分支机构的经营管理水平及风险控制能力等，实行逐级差别化授权。

第二十八条 （审批效率）农村中小金融机构应逐步推行专业化的农户贷款审贷机制，可根据产品特点，采取批量授信、在线审批等方式，提高审批效率和服务质量。

第二十九条 （贷中审查内容）贷款审查应对贷款调查内容的真实性、合理性、准确性进行全面审查，重点关注贷前调查尽职情况、申请材料完备性和借款人的偿还能力、诚信状况、担保情况、抵（质）押及经营风险等。依据贷款审查结果，确定授信额度，作出审批决定。

第三十条 （告知义务）对审批未通过的农户贷款申请，农村中小金融机构应在办结时限以前告知借款人。

第三十一条 （审批政策与授权调整）农村中小金融机构应根据外部经济形势、违约率变化等情况，对贷款审批环节进行评价分析，及时、有针对性地调整审批政策和授权。

第六章　发放与支付

第三十二条 （合同签订方式）农村中小金融机构应要求借款人当面签订借款合同及其他相关文件，需担保的应当面签订担保合同。

第三十三条 （合同内容）借款合同应符合《中华人民共和国

合同法》以及《个人贷款管理暂行办法》的规定，明确约定各方当事人的诚信承诺和贷款资金的用途、支付对象（范围）、支付金额、支付条件、支付方式、还款方式等。借款合同应设立相关条款，明确借款人不履行合同或怠于履行合同时应当承担的违约责任。

第三十四条 （放款管理）农村中小金融机构应遵循审贷与放贷分离的原则，加强对贷款的发放管理，设立独立的放款管理部门或岗位，负责落实放款条件，对满足约定条件的借款人发放贷款。

第三十五条 （受托支付与自主支付）有下列情形之一的农户贷款，经农村中小金融机构同意可以采取借款人自主支付：

（一）农户生产经营贷款且金额不超过 50 万元，或用于农副产品收购等无法确定交易对象的；

（二）农户消费贷款且金额不超过 30 万元；

（三）借款人交易对象不具备条件有效使用非现金结算方式的；

（四）法律法规规定的其他情形。

鼓励采用贷款人受托支付方式向借款人交易对象进行支付。

第三十六条 （自主支付约定与核查）采用借款人自主支付的，农村中小金融机构应与借款人在借款合同中明确约定；农村中小金融机构应当通过账户分析或现场调查等方式，核查贷款支付是否符合约定用途。

第三十七条 （放款管理）借款合同生效后，农村中小金融机构应按合同约定及时发放贷款。贷款采取自主支付方式发放时，应采取密码、指纹等身份确认措施，确保资金发放给真实借款人，必须将款项转入指定的借款人结算账户，严禁以现金方式发放贷款。

第七章 贷后管理

第三十八条 （贷后管理制度）农村中小金融机构应建立贷后定期或不定期检查制度，采取实地检查、电话访谈、检查结算账户交易记录等多种方式，对贷款资金使用、借款人信用及担保情况变化等进行跟踪检查和监控分析，确保贷款资产安全。

第三十九条 （顶冒名贷款防范）农村中小金融机构贷后管理中应着重排查防范假名、冒名、借名贷款，包括建立贷款本息独立对账制度、不定期重点检（抽）查制度以及至少两年一次全面交叉核查制度。

第四十条 （风险预警与评估）农村中小金融机构应建立风险预警制度，定期跟踪分析评估借款人履行借款合同约定内容的情况以及抵质押担保情况，及时发现借款人、担保人的潜在风险并发出预警风险提示，采取增加抵质押担保、调整授信额度、提前收回贷款等措施，并作为与其后续合作的信用评价基础。

第四十一条 （贷后检查的监督）农村中小金融机构风险管理部门、审计部门应对分支机构贷后管理情况进行检查。

第四十二条 （贷款回收）农村中小金融机构应在贷款到期前预先提示借款人安排还款，并按照借款合同约定按期收回贷款本息。

第四十三条 （逾期贷款管理）对逾期贷款应及时催收，按逾期时间长短逐级上报处理，掌握借款人动态，及时采取措施保全信贷资产安全。

第四十四条 （贷款展期）对于因自然灾害、农产品价格波动等客观原因造成借款人无法按原定期限正常还款的，由借款人申请，经农村中小金融机构同意，可对还款意愿良好、预期现金流量充分、具备还款能力的农户贷款进行合理展期，展期时间结合生产恢复时间确定。已展期贷款不得再次展期。展期贷款最高列入关注类进行管理。

第四十五条 （协议重组）对于未按照借款合同约定收回的贷款，应采取措施进行清收，或可在利息还清、本金部分偿还、原有担保措施不弱化等情况下协议重组。

第四十六条 （贷款分类）农村中小金融机构应严格按照风险分类的规定，对农户贷款进行准确分类及动态调整，真实反映贷款形态。

第四十七条 （贷款核销）对确实无法收回的农户贷款，农村中小金融机构可按照相关规定进行核销，按照账销案存原则继续向借款人追索或进行市场化处置，并按责任制和容忍度规定，落实有关人员责任。

第四十八条 （贷款档案）农村中小金融机构应建立贷款档案管理制度，及时汇集更新客户信息及贷款情况，确保农户贷款档案资料的完整性、有效性和连续性。

第四十九条 （动态管理）农村中小金融机构应对客户信用评级与授信限额进行动态管理，根据信用情况、还本付息和经营风险等情况进行调整。

第五十条 （守信激励）农村中小金融机构要建立优质农户与诚信客户正向激励制度，对按期还款、信用良好的借款人采取优惠利率、利息返还、信用累积奖励等方式，促进信用环境不断改善。

第八章　激励与约束

第五十一条 （考核制度与指标）农村中小金融机构应以支持农户贷款发展为基础，建立科学合理的农户贷款定期考核制度，对农户贷款的服务、管理、质量等情况进行考核，并给予一定的容忍度。主要考核指标包括但不限于：

（一）农户贷款户数、金额（累放、累收及新增）、工作量等服务指标；

（二）农户贷款到期本金回收率、利息回收率及增减变化等管理指标；

（三）农户贷款不良率、不良贷款迁徙率及增减变化等质量指标。

第五十二条 （利润核算）农村中小金融机构应根据风险收益相匹配的原则对农户贷款业务财务收支实施管理，具备条件的可实行财务单独核算。

第五十三条 （绩效薪酬管理）农村中小金融机构应制订鼓励农户贷款长期可持续发展的绩效薪酬管理制度。根据以风险调整收益为基础的模拟利润建立绩效薪酬考核机制，绩效薪酬权重应对农户贷款业务予以倾斜，体现多劳多得、效益与风险挂钩的激励约束要求。

第五十四条　（责任制）农村中小金融机构应建立包含农户贷款业务在内的尽职免责制度、违法违规处罚制度和容忍度机制。对尽职无过错，且风险在容忍度范围内的，应免除责任；对超过容忍度范围的，相关人员应承担工作责任；对违规办理贷款的，应严肃追责处罚。

第九章　附则

第五十五条　农村中小金融机构应依照本办法制定农户贷款业务管理细则和操作规程。

第五十六条　其他银行业金融机构农户贷款业务，参照本办法执行。

第五十七条　本办法施行前公布的有关规定与本办法不一致的，按照本办法执行。

第五十八条　本办法由中国银行业监督管理委员会负责解释。

第五十九条　本办法自发布之日起施行。

主要参考文献

刘晓华、张璐:《怎样同金融机构打交道》,大连,东北财经大学出版社,2011。

信丽媛:《惠农小额信贷:农民致富加油站》,天津,天津科技翻译出版公司,2010。

尤伟祥:《怎样办贷款》,北京,经济科学出版社,2010。

何广文 等:《农村金融知识读本》,北京,中国农业大学出版社,2009。

夏伟民:《百姓金融知识读本》,北京,中国金融出版社,2004。

各大金融机构网站。